상처 주지 않고
내 편으로 만드는
대화법

상처 주지 않고 내 편으로 만드는 대화법

초 판 1쇄 2022년 09월 16일

지은이 김권현
펴낸이 류종렬

펴낸곳 미다스북스
총괄실장 명상완
책임편집 이다경
책임진행 김가영, 신은서, 임종익, 박유진

등록 2001년 3월 21일 제2001-000040호
주소 서울시 마포구 양화로 133 서교타워 711호
전화 02) 322-7802~3
팩스 02) 6007-1845
블로그 http://blog.naver.com/midasbooks
전자주소 midasbooks@hanmail.net
페이스북 https://www.facebook.com/midasbooks425
인스타그램 https://www.instagram/midasbooks

© 김권현, 미다스북스 2022, *Printed in Korea.*

iSBN 979-11-6910-070-0 03190

값 15,000원

미다스북스는 다음세대에게 필요한 지혜와 교양을 생각합니다.

CONVERSATION

김권현 지음

상처 주지 않고
내 편으로 만드는
대화법

미다스북스

프롤로그

"나는 의견을 잘 관철하는 똑 부러진 사람이라고 생각했다. 큰 착각이었다. 제대로 소통할 줄 모르는 미숙한 사람일 뿐이었다."

사회초년생 때 나는 일을 꽤 잘했다. 거래처와 크고 작은 협상을 하며 내가 원하는 결과를 끌어내는 것이 쉬운 일이 아님에도, 고작 입사 3개월 차 사원이 원하는 바를 잘도 얻어냈다. 시간이 흐르고 경력이 쌓일수록 자신감은 점점 커졌고, 거래처 사장님이 오셔도, 거래처 규모가 아무리 크다고 해도 절대 밀리지 않았다. 그렇게 나는 '절대 찍히면 안 되는', '그렇지만 일을 잘하는' 수식어가 붙은 MD가 되었다. 솔직히 10년 차까지 이 수식어가 나름 괜찮았다. 내가 맡은 일은 어떻게든 이루어낸다는 의미이니까. 그러나 나는 열정과 의욕 때문에 수식어 중 하나를 간과하고 있었다. '절대 찍히면 안 되는'.

직장생활 10년이 넘어가던 어느 날 퇴근하는데 기분이 좋지 않았다. 출근 전부터 기다리던 퇴근인데 계속 기분이 가라앉고 마음도 불편하고 답답했다. 하루를 되짚어봐도 이유를 찾을 수 없었다. 별문제 없었던 무난한 하루였기 때문이다.

이유를 찾지 못한 채 찜찜한 기분으로 지내던 어느 날, 거래처와 이견을 조율하는 나를 보게 되었다. 내 의견에 잘 따라오지 않는 거래처에 잔뜩 화가 나 있었다. 미간은 찌푸려졌고, 얼굴은 상기되어 있었다. 말투도 최대한 친절하게 하려고 애를 쓰고 있었으나 잘되지 않았다. 이번에도 역시 내가 원하는 결과를 얻었으나 전혀 즐겁지 않았다.

'기분이 왜 이러지….'

고민하던 중 답을 찾게 되었다. 나는 일하는 내내 날이 서 있었다. 말속에도 칼이 숨어 있었고, 그 칼은 내 표정과 태도에서도 나타났다. 이렇게 온종일 날카로우니 퇴근했지만, 기계처럼 기분 좋은 상태로 순식간에 변할 수 없던 것이다.

돌이켜보면, 사원일 때는 회사에서 어떤 일이 있었든 퇴근하면 쉽게 잊었다. 고민하더라도 오래 하지 않았다. 그러나 연차가 쌓이고 직급이 올라갈수록 책임감이 커지면서 주니어일 때만큼 일 생각에서 완전히 벗어나기 힘들었다. 일할 때의 기분과 태도가 곧 내 하루의 삼분의 일 이상을 만들고, 나도 모르는 사이에 조금씩 내 성격까지 바꾼다는 것을 이제야 깨달은 것이다.

'일 잘하지만 절대 찍히면 안 되는 MD'로 10년 넘게 지내면서 나는 날카롭고 예민한 사람이 되어 있었다. 시간이 걸리더라도 기분 좋게 대화하며 해결할 수 있는 일도, 욱하고 빨리 원하는 결과를 도출하기 위해 날카롭게 변한다. 일에서뿐 아니라 가족에게, 동료에게, 친구에게, 일상생활에서 역시 이런 태도가 불쑥불쑥 나타난다. 이럴 때마다 변해버린 내 모습에 가슴이 철렁한다. 그리고 나 자신에게 실망하고 후회하지만, 쉽게 고쳐지지 않았다.

3년 전 즈음부터 더 날카로운 사람이 되기 전에 내 말 속의 칼날을 갈아내기로 결심했다. 그 시작은 내가 겪은 일들을 객관적으로 바라보는 것이었다. 신기하게도 제삼자의 시선으로 살펴보니 나의 경험이 최고의 교재이고 스승이었다.

상대방 잘못이라고 생각했던 일이, '나의 잘못된 대화 태도 때문에 그렇게 행동할 수밖에 없었구나' 이해가 되기도 하고, '나는 절대 저 사람처럼 되지 말아야지' 다시 한번 다짐하기도 했다. 당시에는 상대방이 답답하게만 느껴졌는데, 지금 보니 성숙한 소통을 하는 분이셨고, 내가 그 수준을 따라가지 못한 일도 있었다. 말 한마디로 상대방을 움직일 만큼 말의 힘이 큰 상사도 만났고, 실력은 뛰어나지만, 잘못된 대화 태도 때문에 한 번에 무너지는 동료도 보았다. 그만큼 '제대로 된 대화'는 단순히 말하는 것을 넘어 우리 삶을 부드러운 카리스마와 기분 좋은 성취감, 배려를 통한 따스함으로 채우는 데 반드시 필요한 도구이다.

14년 차 직장인 겸 누군가의 친구, 동료, 가족으로서 상대방에게 상처 주지 않고 내 편으로 만드는 것이 얼마나 중요한 일인지 이 책을 쓰며 다시 한번 깨닫게 되었다. 또한 과거에 겪었던 일들을 돌이켜보며 반성하고 성장하는 계기가 되었다. 시행착오를 겪으며 실전에서 배운 노하우가 소통으로 어려움을 겪는 분들께 도움이 된다면 너무 행복할 것이다.

상처받은 직장인, 친구와 가족이 무심코 던진 말에 상처받은 분들, 그리고 어느 순간부터 내가 상처를 주는 사람이 되어 마음이 불편한 분들께 조금이나마 도움이 되기를 간절히 바란다.

앞만 보고 정신없이 달려오던 나에게 잠시 쉼표를 찍어주고, 과거의 내 모습을 돌아볼 기회를 주신 모든 분께 감사의 마음을 전한다. 특히 책을 출간할 수 있도록 이끌어주신 김태광 대표님, 권동희 대표님, 항상 긍정에너지를 주는 나의 여행메이트, 직장동료로 만나 가족만큼 가까운 사이가 된 그녀들, 20년 넘게 든든하게 곁을 지켜주는 윤선, 몸과 마음의 건강을 챙겨주시는 황수목 대표님, 그리고 항상 나를 전적으로 믿고 응원해주시는 사랑하는 엄마와 큰이모께 머리 숙여 감사드린다.

2022년 9월, 김권현

목차

프롤로그　005

1장
말로 상처를 받았다면,
상처를 주었다면

01 말로 생긴 상처는 칼로 입힌 상처보다 깊다　017

02 '너는 원래 그런 사람이잖아'　024

03 '나는 다혈질이라 원래 그래'　031

04 '네가 오죽하면 그렇게 말했겠니'　039

05 상대방에게 씌워진 프레임을 벗겨내자　046

06 상대방 마음 느껴보기　054

2장
사람을 얻는 호감형 대화법은 따로 있다

01 첫 3초에 결정되는 첫인상   065

02 웃는 얼굴, 긍정적인 표현   072

03 상대가 듣고 싶어하는 칭찬을 하라   080

04 상대의 이름 또는 직함을 기억하라   088

05 설명은 무조건 쉽고 간결하게 하자   096

06 대화를 풍성하게 만드는 바디랭귀지   105

07 마음 상하지 않게 거절하는 말하기   113

08 부드럽게 대화 중단하기   121

3장
상대의 진심을
얻는 방법

01 솔직한 경험담은 마음을 움직인다   133
02 안정된 목소리는 최면과 같다   141
03 상대가 원하는 것은 해결책이 아니라 공감이다   149
04 상대방의 제스처를 따라 해라   158
05 있는 그대로 수용하기   166
06 '때문에'보다는 '덕분에'로 바꾸어 말하라   174
07 표현하지 않는 마음은 보이지 않는다   182

4장
논쟁을 피하고 갈등을 협력으로
바꾸는 대화법

01 틀린 의견은 없다, 다를 뿐이다   193
02 공통의 관심사로 친밀감을 높여라   201
03 평정심을 유지하라   209
04 절대 설득하려고 하지 마라   217
05 니즈 파악이 핵심이다   225
06 일보후퇴 이보전진을 기억하라   233
07 작은 부탁으로 경계심을 무너뜨리자   241
08 상대의 비언어 메시지를 파악하라   248

5장
상대는 당신의 경청을 원한다

01 상대는 당신의 경청을 원한다 259

02 나는 들을 준비가 되어 있는가? 267

03 상대의 성향을 파악하라 274

04 상대의 주파수와 일치시켜라 281

05 온몸으로 들어라 289

06 당신은 비평가가 아니다 297

07 위로라고 착각하는 한술 더 뜨기 305

상처 주지 않고 내 편으로 만드는 대화법

THE WAY OF

CONVERSATION

1장

말로 상처를 받았다면, 상처를 주었다면

말로 생긴 상처는
칼로 입힌 상처보다 깊다

"말로 생긴 상처는 칼로 입힌 상처보다 깊다"는 모로코 속담이 있다. 우리는 살면서 크고 작은 상처를 주고받는다. 그중 가장 깊은 상처는 무엇일까? 나의 경험으로 비추어 볼 때, 말로 입은 상처가 가장 깊고 오래 간다.

내 말이 사람을 살리는 말이 될 수도, 죽이는 말이 될 수도 있다는 사실을 간과한 채, 사람들은 하루에도 수천 마디의 말을 아무렇지 않게 내뱉는다. 내가 무심코 던진 한마디에 상대방은 하루 종일 아프다. 어쩌면 평생을 가슴 한편에 깊게 박힌 상처로 인해 한 번씩 몸서리칠지도 모른다. 반대로 따뜻한 말 한마디는 상대방 마음을 치유할 수 있고, 힘들 때마다 꺼내 보고 위로받는 평생의 치료제가 되기도 한다.

말로 입은 상처 중 가장 아픈 상처는 무엇인지 아는가? 바로 가까운 사람에게 받은 상처이다. 가족뿐 아니라 하루 삼분의 일 이상 붙어 있는 직장 동료, 친구, 지인에게 받은 상처는 정상적인 생활이 힘들 정도로 정신적인 타격을 주고, 오랫동안 나를 따라다니며 아픔을 주고 괴롭힌다.

직장 상사에게 상처받은 사례

직장 상사에게 받은 상처가 트라우마가 되어, 아직도 그분을 마주하면 입이 마르고 심장이 두근거리는 나의 이야기를 해보겠다.

A 상사는 본인이 매우 논리적이고 객관적이며 똑똑하다는 자부심이 있었다. 겉모습만 보았을 때, 어떤 상황에서도 침착하게 해결책을 찾는 일 잘하는 어른으로 보였기 때문에 함께 일하게 되었을 때 배울 점이 많을 것이라는 기대감이 있었다.

A에게 보고 일정이 잡혔다. 입사 후 처음 하는 단독 보고였기에, 밤을 새워가며 열심히 준비했다. 발표를 다 들은 A의 첫마디는 "열심히 한 것 맞아?"였다. 다음 말은 더 가관이었다. "하기 싫은 것 억지로 한 거지?" 물론 그때 나는 대리였고, 내용이 수준이 높거나 깊지 않았을 것이다. 그러나 어느 누가 상사에게 밉보이기 위해 대충 끄적이겠는가. 분량만 보

더라도 '너 하기 싫었지?'라는 질문은 상식적으로 나올 수 없는 말이었다.

A는 발표한 내용에 대해 하나씩 물었고, 대답을 미처 다 하기도 전에 "내 생각은 다른데 생각하고 보고서를 작성한 건지….."를 반복하였다. 나는 점점 당황하여 머릿속이 하얘졌고, 순식간에 입이 바싹 말라버렸다. 그 시간이 끝나기만을 기다렸다. 동시에 내가 이런 말을 들을 만큼 대충하지 않았기 때문에 속상하고, 나는 왜 이렇게 못할까 자책하게 되었다.

다음 날 복도에서 A를 마주쳤지만, 눈도 마주치지 못하고 고개를 숙였다. A는 어제 일은 잊은 듯, 가벼운 말투로 "어제 보고, 처음치고는 열심히 했더라?" 하며 어깨를 툭 치고 지나갔다. 이것이 나의 첫 보고 경험이다. 나중에 듣기로, A가 나를 강하게 단련하기 위해 그렇게 했다고 한다.

A의 대화 태도는 분명히 잘못되었다. 무례한 태도를 강하게 트레이닝시키는 것으로 포장했을 뿐이다. 이 보고 이후, 나는 보고를 못하는 사람이라고 스스로 폄하하고, 트라우마가 생겼다. 한동안 아무리 준비를 많이 해도 자신이 없었고, 보고 전날은 잠이 오지 않았으며, 손발이 차가워지고 배탈도 났다.

이 글을 읽는 누군가는 이렇게 말할 것이다. '돈 벌기 쉬운 줄 아냐? 별사람 다 있다'. 나도 안다. 별의별 사람이 다 있다는 것을. 그렇지만, 제대로 된 상사라면, 빈정거리는 말투로 상대방의 말을 중간에 자르는 행동은 하지 말았어야 한다. 차분하게 논리적으로 어느 부분이 잘못되었고,

나의 태도 중 어떤 부분을 개선해야 하는지 설명해주었다면, A를 존경하게 되었을 것이다. 오히려 지적받더라도 대화의 태도에서 진심이 보였기 때문에 상처받지 않았을 것이다. 자신의 말투와 정제되지 않은 표현이 누군가에게는 큰 상처로 남을 수 있다는 사실을 명심하도록 하자.

가족에게 상처받은 사례

20년이 지난 지금도 생각하면, 서운함이 울컥 올라오는 가족에게 상처받은 경험이다. 상대방이 나의 진심을 오해할 때 느껴지는 슬픔은 이루 말할 수 없다. 특히 상대방이 가족일 경우는 더욱 그러하다.

20살인 나에게 너무도 큰 상처를 안겨준 사건이 있었다. 우리 집은 친척이 많지 않기 때문에 이종사촌끼리 어릴 때부터 친형제처럼 매우 가깝게 지냈다. 나는 외가의 장녀로서 사촌 동생들의 생일을 꼭 챙기며, 관계를 돈독하게 유지하는 데 책임감을 느끼고 있었다.

사촌동생들이 중고등학생이 되면서 명절, 생일처럼 특별한 날이 아니면 얼굴 보기가 점점 힘들어졌다. 마침 돌아오는 내 생일이 주말이었고, 오랜만에 사촌들을 만나야겠다고 생각했다. 나는 대학생 언니니까 수험생 동생들을 위해 밥을 사줘야겠다는 생각에 뿌듯했다. 나에게 생일은 이미 중요하지 않았다. 언니 역할을 할 수 있다는 사실에 흐뭇할 뿐이었다.

생일 이틀 전 엄마가 나를 부르시더니, 사촌들한테 부담 주지 말라고 하셨다. 이모가 애들이 부담스러워한다며 생일에 꼭 만나야 하는지 물었다고 했다. 어른인 엄마와 이모가 내 생각은 한 번도 묻지 않고, 동생들에게 부담을 주는 언니로 낙인을 찍고 일방적으로 혼내는 사실이 너무 서운하고 화가 나서, 입을 닫아버리고, 방에서 펑펑 울었던 기억이 있다.

사촌들과 여전히 가깝게 지내고 있다. 그러나 지금도 사촌들이 생일을 축하해주면, 가슴 깊은 곳에서 그때 받았던 상처가 스멀스멀 올라온다.

아마 가족 누구도 이 사건을 기억하는 사람은 없으리라. 그날이 나에게는, 동생을 챙기고 싶은 언니의 마음이 짓밟히고, 선물에 눈이 먼 사람으로 낙인찍힌 날이다. 그러나 다른 가족들에게는 본인들의 생각을 말했을 뿐인 매우 평범한 날이기 때문이다. 가족 중 한 명이라도 나의 입장에서 생각해보고 말해줬더라면, 나에게 왜 그랬는지 한 번이라도 물어봐줬더라면, 나에게도 이날은 기억나지 않는 평범한 날이 되었을 것이다.

내가 상대방에게 상처 준 사례

나 역시 섣부른 판단, 뾰족한 말투와 태도로 상대방에게 상처를 준 적이 많다. 화를 내는 순간은 상대방이 잘못했기 때문에 화를 낼 수밖에 없다고 합리화한다. 그러나 나이가 들고 내가 말 때문에 상처받은 기억을 더듬어보니, 똑같이 행동하고 있는 나를 발견하였다. 지금은 말로 상처 주지 않는 사람이 되지 않기 위해 부단히 노력 중이다.

일을 도와주는 계약직 직원이 있었다. 평소 근태가 좋지 않아 눈여겨 보고 있던 참이었다. 다음 날 아침까지 시장 조사하여 보고하기로 했으나, 묵묵부답이었다. 더 이상 참지 못한 나는 회의실로 불러 쏘아붙였다. 지금까지 쌓아두었던 불만을 한꺼번에 터뜨렸다.

진정한 후, 이야기를 들어보니 여기저기서 부탁받은 업무가 어제와 오늘 집중되어 과부하가 걸린 상태였다. 이유를 들어보니 이해가 되는 상황이었다. 그녀에게 미안했고, 성숙하지 않은 행동을 한 자신이 부끄러웠다. 아침부터 불같이 화를 낸 것에 대해 사과했지만, 그녀는 이미 크게 상처받은 후였다. 내가 대리 때 A 상사의 태도가 상처가 되었던 것처럼, 20대인 그녀 역시 나의 커뮤니케이션 방법이 감당하기 힘들었을 것이다.

이 사례에서 내가 잘못한 것은 무엇일까? 그녀가 상처받은 이유는 무엇일까? 먼저, 대화를 하자며 회의실로 불러 일방적으로 화를 낸 것이다. 이것은 대화가 아니라, 말 테러일 뿐이다.

그리고 내가 화가 난 이유는 시장 조사가 제시간에 보고되지 않아서인데, 지금까지의 불만을 모조리 모아 감정적인 폭탄을 던져버렸다. 또한 사나운 얼굴과 말투로 대화의 에티켓이 전혀 없었다. 대화가 아니라 싸울 준비를 하는 사람의 태도였으니, 상대방은 아무리 본인이 잘못했다고 한들 상처를 받을 수밖에 없다.

'언위심성'이라는 말이 있다. 말은 마음의 소리로서, 그 사람의 인격과 생각을 반영한다는 뜻이다. 상대방의 입장을 생각하지 않고 하는 말은 배려가 없기 때문에 상처만 주고, 원만한 인간관계를 유지하기 힘들다.

마음을 열고, 상대방을 바라보는 시선을 너그럽게 만들어보자. 그러면 상대방 입장을 한 번 더 생각할 수 있는 여유를 찾게 되고, 상대의 의견을 먼저 들을 수 있는 귀를 갖게 된다. 그때 비로소 우리는 상대방에게 상처를 주지도 않고 받지도 않는 건강한 대화를 할 수 있게 된다.

02

'너는 원래
그런 사람이잖아'

'라벨 효과'란? 내가 규정한 대로 상대방의 행동이나 생각을 바꾸려 한다는 현상으로 '레테르 효과'라고도 부른다. 긍정적으로 사용하는 경우, 상대방의 장점과 능력을 더 크게 발전시킬 수 있다. '너는 참 친절하구나.'라고 칭찬받은 경우, 이해심도 넓어지고, 이전보다 더 많이 양보하면서 친절한 사람이 되기 위해 노력하게 된다. 따라서 상대방이 내가 원하는 모습이 아니라고 짜증 내고 화내지 말자. 대신 내가 원하는 모습을 칭찬하듯이 언급하면, 긍정 라벨이 붙은 상대방은 그렇게 되기 위해 조금씩 변화하고 노력할 것이다.

그러나 사회에서는 라벨 효과가 부정적으로 사용되는 경우도 많다. '너는 원래 그런 사람이잖아.'라며 상대방을 단정을 짓는다. 너는 원래 그런 사람이라서 실수했고, 너는 원래 그런 사람이라서 지각을 한 것이다. 이유나 상황 따위 필요 없다. 상대방에게 나는 덤벙거리고 차분하지 못한 사람, 약속에 대한 개념이 없는 사람일 뿐이다.

이렇게 상대방을 내가 규정한 프레임에 가두고 판단하는 태도는, 모든 탓을 상대방에게 돌리는 태도로 발전할 수 있다. '네가 원래 그런 사람이었기 때문에 이런 일이 발생했다. 모두 네 탓이다.'라는 태도가 생기므로 인간관계에 균열이 생기게 된다.

심각한 경우, 이런 말을 듣는 사람은 자신도 모르게 조금씩 가스라이팅 될 수 있다. 당신의 생각이나 행동은 잘못되었고, 당신은 원래 그런 형편없는 사람이라고 반복적으로 듣는 경우, 스스로에 대한 불신과 의심이 커지게 된다. 따라서 상대방이 내가 틀렸다고 말했을 때, '또 내가 틀렸나?'라고 자신의 행동에 자신이 없으므로, 상대방의 의견을 수동적으로 받아들이게 된다. 너무 사소하고 미묘하게 진행되므로 말로써 학대가 시작되는지조차 모르고 넘어가는 경우도 많다.

행복한 회사생활은 일의 강도보다 같이 일하는 사람의 태도에 따라 크게 좌우된다. 특히 나에게 직접적인 영향을 주는 직속 상사가 합리적인 사람인지, 대화에 대한 예의가 있는지, 공감 능력이 있는지에 따라 회사가 괴로운 곳이 될 수도 다닐 만한 곳이 될 수도 있다.

직속 상사가 '라벨 효과'를 어떻게 사용하느냐 따라 팀원의 기를 살리고 능력을 끌어내어 발전시키기도 하고, 풀이 죽고 자신감이 사라져 상사의 지시 없이는 아무것도 할 수 없는 꼭두각시로 만들 수도 있다.

'라벨 효과'를 부정적으로 사용한 사례

A 팀장님은 회사에서 최악의 팀장님으로 유명했다. 팀원들은 퇴사하거나, 정신과 상담을 받거나, 극심한 스트레스로 몸이 아파 병원을 다닌다고 했다. 뜬소문이 아니었기 때문에 A 팀장님 팀에 발령받았을 때 걱정이 되었다. 첫 한 달은 소문만큼 최악이 아니라고 생각했다. 내가 하는 말마다 '틀렸다', '잘못했다', '너는 아직도 그것밖에 생각을 못 하냐'라는 말씀은 매번 하셨지만, 더 심한 괴롭힘은 없었다.

두 달째 되었을 때, 큰 프로젝트를 맡게 되었다. 한 단계가 끝날 때마다 팀장님께 확인받고 다음 단계로 넘어가야 했다. 당연히 팀장님은 보고할 때마다 모두 마음에 안 든다며, 잘못했다고 하셨다. 보완해야 하는 부분, 잘한 부분, 다시 해야 하는 부분이 섞여 있을 텐데, 매번 전부 별로이니 다시 하라고 하셨다. 이렇게 2주 넘게 올바른 피드백 없는 보고만 반복했다. 어느 부분이 마음에 안 드시는지 여쭤보면, 과장이나 됐는데 아직도 그런 내용을 설명해줘야 하냐며 혼내기만 하셨다. 그러면서 "지난 한 달 동안, 과장님 의견에 틀렸다고 한 경우가 많았죠? 과장님은 내 말의 요지도 파악하지 못하는 그런 사람이에요."라고 말씀하셨다.

이 말을 들었을 때, 처음엔 정말 놓친 부분이 있다고 생각하여 프로젝트를 함께하는 동료들과 처음부터 여러 번 검토했으나 동료들도 뭐가 잘못됐는지 모르겠다는 눈치였다. 어떻게든 다시 보완하여 보고하면, '넌 여전히 파악도 못 하고 있다.'라는 분위기만 풍길 뿐이었다. 이렇게 시간이 지나다 보니, 프로젝트뿐 아니라 팀과 관련된 모든 의사 결정에 자신이 없었다. 내 결정을 믿을 수 없었다. 왜냐하면 팀장님은 두 달 넘게 나에게 '너는 요점 파악도 안 되고, 팀장의 의중 파악도 못하는 그런 사람'이라고 계속 말했기 때문이다.

실장님께 프로젝트를 보고하는 당일까지 팀장님은 내가 준비한 모든 게 마음에 들지 않는다고 하셨다. 그러나 그 보고는 실장님께 칭찬받았고, 당연히 팀장님께서 내용을 보완하셨다고 생각했다. 그러나 팀장님은 내 보고 자료를 그대로 실장님께 보고하셨다. 내가 이 사실을 알고 있다는 것을 몰랐던 팀장님은 나에게, 너의 보고서를 실장님께 설득하느라 아주 힘들었다며 본인 실력이 어느 정도인지 객관적으로 판단하고 반성하라고 하셨다. 이 일을 겪은 후, 예전 팀원들이 힘들었던 이유가 팀장의 언어폭력에 가까운 라벨 효과의 부정적인 사용과 이로 인한 가스라이팅 때문이라는 것을 알았다.

비단 이 사례는 회사뿐 아니라 가정에서, 학교에서, 친구, 형제 모든 인간관계에서 발생할 수 있다. '너는 이것도 못 하는 한심한 사람이야.'라고 라벨을 붙였을 때, 상대방은 더 잘해보고 싶은 의욕이 생기는 것이 아니라, 풀이 죽고, 자신감이 사라져 더 이상 발전해야겠다는 생각조차 할 수 없는 무기력한 상태가 될 수 있다.

'라벨 효과'를 긍정적으로 사용한 사례

A 팀장님 팀에서 2년 넘게 지내다가 몸과 마음이 너무 피폐해진 나는 더 이상 버틸 수 없어 팀을 옮겼다. 옮긴 팀의 B 팀장님 마음에 쏙 드는 팀원이 되고 싶었다. 그러나 2년 반 동안의 가스라이팅으로 나는 자신감이 바닥난 상태였다. B 팀장님이 지시하신 업무에 대해 알아서 진행한 뒤 최종 확인만 받으면 되었다. 그러나 각 진행 단계에서 해야 하는 크고 작은 의사 결정에 대해 잘 할 자신이 없었다. 따라서 나는 신입사원처럼 팀장님께 매번 여쭤보고 확인받고 진행하고를 반복했다.

감사하게도 B 팀장님은 이런 나에게 두 달 가까이 단 한 번도 잔소리하지 않으셨다. A 팀장님 밑에서 어떤 일을 겪었는지 아셨기 때문에 인내심을 갖고 매번 칭찬을 해주셨다. 내가 원래의 모습으로 스스로 돌아오도록 시간을 주셨다. 내가 질문하면 팀장님은 이렇게 말씀하셨다. "너무 잘했어. 이 일과 비슷한 일은 이제 잘하니까 나한테 안 물어봐도 돼. 나보다 잘한다."라며 기를 살려주셨다.

한번은 팀장님께 칭찬만 하지 마시고 못하는 것도 지적해달라고 말씀드린 적이 있다. 그때 팀장님의 대답은 아직도 기억에 남는다. "너 원래 잘하는 사람이잖아. 전 팀에서 들었던 말은 너의 실력과 상관없으니까 잊어버려. 너 원래 잘한다니까."라고 하셨다. 이 말을 듣는 순간, 지난 2년 동안 눌려 있던 자존감이 살아나며, 기죽은 내 모습을 바라볼 수 있었다. 그리고 비로소 A 팀장님의 언행을 객관적으로 판단하게 되면서, 일에 대한 의욕도 다시 살아났다.

나를 인정해주고 기다려주신 팀장님을 실망시켜드리고 싶지 않았다. 따라서 일할 때 마음가짐이 달라졌다. 마음이 달라지니 표정과 행동도 예전처럼 긍정적이고 적극적으로 변하게 되었다. 팀을 옮기고 석 달이 지났을 즈음, 친한 동료가 나에게 얼굴빛이 달라지고, 표정과 행동이 밝은 모습으로 돌아왔다며 보기 좋다고 인사를 건넸다. B 팀장님이 나를 위해 했던 행동은, 초반에 지나치게 소심했던 행동을 나무라기 전 내가 왜 이렇게 행동하게 되었는지 전후 상황을 고려해주신 것, 그리고 '너는 원래 잘하는 사람이다, 괜찮은 사람이다.'라고 반복적으로 말씀해주신 것 두 가지뿐이다.

이 사례를 통해 우리는 상대의 입장 공감과 라벨 효과의 긍정적인 사용은 한 사람의 자존감과 자신감을 높여줄 수 있는 강력한 힘이라는 것을 알 수 있다.

상대방이 내가 한 말에 의해 고통을 받거나, 마음의 상처를 입었다면 또는 내 눈치를 본다면, 의도적이든 아니든 당신은 상대방에게 언어폭력을 행하고 있다. 언어를 통해 상대방의 행동과 생각을 자기 마음대로 통제하고 싶어하는 태도가 나타난 것이다.

말 한마디로 상대방의 마음에 비수를 꽂을 수도 있고, 우울했던 인생에 빛이 될 수도 있다. 다시는 마주치고 싶지 않은 사이가 될 수도 있고, 내 편으로 만들 수도 있다. 따라서 상대방의 장점과 긍정적인 부분에 집중하고, 좋은 점을 자주 표현하는 연습이 필요하다.

03

'나는 다혈질이라
원래 그래'

앞 장에서 소개한 라벨 효과가 상대방이 나를 규정하는 경우라면, 이번 장에서는 자기 자신에 대해 지나치게 관대한 경우이다.

부정적인 상황에 직면했을 때, 스스로 잘못한 점을 깨닫고, 비판하고 반성하는 태도는 반복적인 실수를 줄이는 데 도움이 된다. 그러나 과도하게 자신을 비난하고 자책하는 것은 스스로를 부정적인 사람으로 생각함으로써 자기 파괴를 한다. 우울해지거나 무기력해질 수 있다. 이렇게 지나친 자기 학대도 문제이지만, 과도한 자기 자비도 문제이다.

'자기 자비(self-compassion)'란 고통스러운 감정을 직면했을 때, 과도하게 자기를 비난하는 대신 자신을 돌보는 태도를 보이는 것을 의미한다.

적당한 경우 정신건강에 도움이 된다. 그러나 지나친 경우 '나는 그럴 만한 상황이었다.', '나는 원래 그런 사람이기 때문에 어쩔 수 없었다.'와 같은 태도를 고수하며 잘못을 인정하지 않는다. 상황의 모든 원인을 남의 탓으로 돌림으로써 자신의 실수와 능력 부족을 덮어버리고 싶어 한다.

또한 자기 자신을 있는 그대로 바라보지 못하고, 자기 위주 편향 때문에 잘된 것은 내 덕분, 잘못된 것은 외부에서 이유를 찾으며 책임을 전가한다.

이렇게 지나친 자기 자비는 나르시시즘의 성향으로 이어진다. 즉, 자신을 대단한 사람으로 생각하고, 다른 사람을 이용하려는 성향도 나타난다. 왜냐하면 자신을 과대평가하기 때문에, 자신 능력 밖의 일도 모두 할 수 있다고 믿는다. 따라서 자기가 하기 싫은 일, 힘든 일, 귀찮은 일은 남에게 맡기고, 결과만 착취한다.

자기 합리화와 자기애가 지나친 직장 상사 사례

앞 장에서 소개한 A 팀장님 이야기를 계속하겠다. 이분의 팀원이었던 사람들이 공통적으로 그녀를 표현하는 단어는 '가스라이팅 황제', '나르시시스트', '근자감'이다. 이분은 자신이 항상 일을 제일 잘하고, 업무에 최적화된 실력자라고 스스로 평가한다. 따라서 6년 전 즈음 승진에서 밀렸을 때, 자신이 인정받지 못한 것에 너무 화가 난 나머지 무단으로 일주일 동안 회사에 나오지 않았다. 그뿐 아니라, 앞 장에서 소개했듯, 본인이 원하는 대로 팀원들을 조정하기 위해 말로 교묘하게 가스라이팅 했다.

또한 함께 겪었던 상황에 대해 본인에게 유리하게 기억했다. A 팀장님은 팀원들을 너무 괴롭혀 인사팀에 몇 번 불려가 경고를 받은 적이 있다. 그만큼 그녀의 팀원들이 견디지 못하고 떠나는 것에 대해 아무도 이유를 묻거나 반대하지 않았다. 나 역시 2년 넘게 버티다가 다른 팀으로 옮기게 되었을 때, 새로운 팀장님께서 왜 팀을 옮기는지 이유를 묻지 않으셨다. 이유가 너무 뻔했기 때문이다.

어느 날 새로운 팀 팀장님께 A 팀장님이 연락하더니, 나는 잘 해줬는데 싫다고 떠난 팀원이라면서 뒤통수치는 팀원이니 조심하라고 했다고 한다. 본인에게 불리한 과거, 이미지가 실추될 만한 과거의 행동은, 본인이 원하는 대로 각본을 짜고 그대로 믿는 전형적인 나르시시즘의 성향을 보이는 분이었다.

이렇게 자기 합리화와 자기애가 지나치게 강한 팀장님과 일을 할 때 가장 힘든 점은, 안 좋은 상황에서 모두 팀원 탓을 한다는 점이다. 팀장의 중요한 자세 중 하나는 바로 팀원에 대한 애정을 갖는 것 아닌가. 그

것이 팀원에 대한 책임감이다. 내 팀원이 설사 잘못하여 내가 혼낼지언정, 외부에서 내 팀원을 비난하는 것을 들으면 기분 나쁘고, 이런 상황을 애초에 만들지 않기 위해 노력하는 모습은 지금까지 경험한 대부분의 팀장님에게 보았던 모습이다. 그러나 A 팀장은 달랐다.

어느 날 프로젝트의 실적이 생각보다 좋지 않자, 팀장님께서 실장님께 불려갔다. 우리는 팀장님께 혼날 마음의 준비를 했다. 그러나 자리로 돌아오신 팀장님은 한 명씩 실장님과 면담하고 오라고 보내셨다. 상황은 이러했다.

실장님께서 실적이 저조한 것에 대해 나무라시자, 팀장님은 업무 지시를 잘했는데 팀원들이 말을 잘 듣지 않았기 때문에 결과가 좋지 않았다고 말을 했다. 그리고 오히려 실장님께 팀원들 때문에 힘들다며 하소연했다고 한다. 한 팀의 책임자가 모든 잘못을 팀원들 탓으로 돌린 웃지 못할 경험이다.

팀장의 자기애가 지나치기 때문에 힘든 또 다른 점은 자기 능력을 과대평가하는 것이다. 건강한 자기애를 가진 경우, 자신을 객관적으로 바라보기 때문에 자신의 부족한 부분도 인정한다. 그러나 A 팀장의 경우, 실제 능력보다 자신을 과대평가하는 경향이 있다.

따라서 상사에게 어필한 과대 포장된 자기 능력을 증명하기 위해, 새로운 프로젝트를 하거나, 보고를 해야 하는 경우, 몇 날 며칠 팀장이 원하는 결과가 나올 때까지 팀원들의 야근이 계속된다. 그러나 팀장님은 야근하지 않았다. 자신은 대단하고 특별한 사람이기 때문에 힘든 일, 귀찮은 일은 당연히 팀원들 몫이고, 본인은 깔끔하게 정리된 결과만 보고하면 된다고 생각하기 때문이다.

5년 전, 처음 시도하는 큰 규모의 프로젝트를 진행한 적이 있다. 담당은 나 포함 두 명이었다. 회사에서 처음 진행하는 형태의 프로젝트라 가이드도 없고, 참고할 만한 사례도 없었다. 준비하면서 하루하루 방향을 잡아가는 상황이었다. 보름 정도 매일 새벽까지 야근했는데, 단 한 번도 팀장님이 함께 손을 보태주거나 야근하신 적이 없었다. 아침에 출근하면, 진척 사항을 체크하고 마음에 들지 않는 부분을 지적하며 다시 하라고 할 뿐이었다.

팀원 두 명만 매일 야근하고 있으니, 오히려 다른 팀 팀장님들이 간식을 사다 주고, 의견을 주시면서 도와주셨다. 우여곡절 끝에 진행한 프로젝트는 나름 성공적이었다는 평가를 받았다. 이때 A 팀장님은 단 한 번도 '우리 팀원들이 고생을 많이 했다'고 말하지 않았다. 좋은 결과가 나온 이유는 본인이 팀원들을 잘 가르쳤기 때문이라고 말하며, 칭찬을 고스란히 본인이 받으며 즐기셨다.

자기 합리화가 지나쳐 뻔뻔한 친구의 사례

사람은 누구나 실수를 할 수 있다. 실수 자체 때문에 인간관계가 멀어지는 것이 아니라, 실수를 지적했을 때, 어떻게 행동하느냐에 따라 상대방에 대한 실망이 커지거나, 오히려 잘못을 솔직하게 인정하는 모습에 호감이 가기도 한다. 그만큼 잘못을 빠르게 수긍하는 것은 용기가 필요하다. 그러나 자기 합리화가 심한 경우, 끝까지 자기 잘못을 인정하지 않는 경우도 있다. 자신의 상황을 구구절절 늘어놓는다. 나중에는 설사 자기가 잘못했다는 것을 깨달아도, 지금까지 우겨온 말 때문에 자기 합리화의 태도는 점점 심해진다. 그럴수록 상대방은 실망감을 느끼고, 안 좋은 인상을 갖게 된다.

지금은 관계를 정리했지만, 3년 넘게 친했던 친구 C가 있었다. 이 친구와 함께 4명이 단짝처럼 붙어 다녔다. C는 지각하는 안 좋은 습관이 있었다. 단 5분이라도 꼭 늦었다. 친구들은 빨리 다니라고 잔소리했지만 크게 개의치 않았다. 우리에게 큰 피해를 준 적이 없었기 때문에 그러려니 했다. 어느 날 C에 대해 다시 생각해보게 된 첫 번째 사건이 생겼다.

다 같이 부산으로 여행 가기 위해 KTX를 예매했다. 모두 설레는 마음으로 탑승 시간만 기다리고 있었다. 그러나 설렘은 곧 초조함과 실망감으로 바뀌었다. C가 탑승 시간이 되어도 도착하지 않았기 때문이다. C는

10분 늦게 도착했고, 우리는 결국 KTX를 놓치게 되었다. 친구들은 늦게 도착한 C에게 화를 냈다. 하지만 다 같이 하는 첫 여행이었기 때문에, C가 진심으로 사과하고, 다음 차편을 예매하여 부산으로 가면 되는 간단한 상황이었다.

그러나 C는 적반하장으로 화를 내는 우리에게 도리어 서운함을 나타냈다. 환승하는 지하철이 늦게 와서 늦은 것을 왜 본인에게 화를 내냐는 것이었다. 자기도 지하철 때문에 늦은 피해자라며 끝까지 사과하지 않았다. 기분이 상한 우리는 여행을 취소했다. 여행 당일 C가 보인 행동에 큰 실망한 친구들은, 계속 친하게 지낼 수 있을지 의구심이 들었지만 3년 넘은 관계를 정리하는 것이 쉽지 않았다.

며칠 후, 다 같이 모였다. 역시나 C는 10분 정도 지각했다. 친구 중 한 명이 늦었는데 미안하지 않냐고 물었다. C의 대답은 놀라웠다. "나 원래 5분 10분씩 늦잖아. 오늘따라 왜 그래, 나 원래 늦는 거 알면서."라며 너무나 당연한 듯 말했다. C의 뻔뻔함에 모두 말문이 막혔다. 그날 이후, 우리는 C와 거리를 두게 되었다.

지각한 것에 대해 빨리 사과하고 인정했으면 별일 아니었을 일인데, 변명하고 자기 합리화하는 태도로 3년 넘게 지속하던 관계가 안 좋은 인상으로 끝난 씁쓸한 경험이었다.

자신에게 관대한 태도는 각박한 현대 사회를 살아가면서 스스로에게 여유를 주고 자존감을 높이는 필요한 태도이다. 그러나 지나친 경우, 나에게만 극단적으로 자비를 베풀게 되어, 상대방에게 말과 행동으로 실망감과 상처를 주게 된다.

나에게 관대한 만큼 상대방의 기분과 상황도 배려하는 노력을 해야 한다. 나에게만 관대한 사람이 아니라, 남에게도 관대한 사람이 되자.

'네가 오죽하면
그렇게 말했겠니'

사람은 언제 행복을 느낄까? 경제력, 사회적 지위, 외모 등 여러 가지 요소가 있을 것이다. 그중 가장 행복할 때는 심적으로 편안함을 주며 행복을 느낄 수 있는 교감을 할 때라고 한다.

동물, 사물과의 교감도 중요하지만, 사람은 본질적으로 사회적 동물로서 누군가와 교감을 할 때 안정감을 느낀다. 상대방이 나를 인정해주고, 내 말을 잘 들어주면 우리는 상대에 대한 호감도가 상승하고, 좋은 관계를 유지하고 싶을 것이다. 반면 누군가와 교감하지 못하는 경우, 아무도 나를 이해하지 못한다는 생각에 외롭고, 마음의 상처를 받는다.

잘 교감하기 위해서는 상대의 말과 행동을 선입견 없이 받아들이고, 공감하는 태도가 필요하다. 상대방이 마음에 들지 않는 행동을 했을 때, 무조건 배척하고 비판하는 것이 아니라, 불법 행위나 비도덕적인 행동을 하지 않은 이상, 그 사람이 왜 그런 말과 행동을 했는지 생각해보게 된다. 이러한 태도는 그럴 만한 이유가 있을 것이라는 상대에 대한 신뢰와 지지의 마음이다. 누군가 나의 행동에 대해 이런 태도를 보인다면, 존중받은 기분이 들고, 나를 이해해주는 상대방에게 무한한 고마움을 느낄 것이다.

'네가 오죽하면 그렇게 말했겠니?'라는 말은 상대에 대한 수용의 태도를 잘 나타낸다. '네 상황이 얼마나 답답하고 마음이 힘들면 그렇게 말했겠니?'의 의미로 다정함과 배려가 숨어 있다. 이렇게 공감과 이해를 바탕으로 상대방의 말과 행동을 포용하는 태도는 비단 상대방 뿐 아니라 자신에게도 도움이 된다.

원활한 사회생활과 인간관계를 위해서는 먼저 내가 긍정적이어야 한다. 예를 들어, 밤새 보고 자료를 만들었는데 갑자기 보고 날짜가 미루어지는 경우, '그럴 만한 상황이 있었겠지, 한 번 더 검토할 시간이 생겨서 좋네.'라고 하는 경우와 '괜히 밤새웠어. 왜 갑자기 날짜가 미뤄지는 거야, 짜증 나게.'라고 하는 경우, 당신은 어떤 사람과 더 가깝게 지내고 싶은가.

이해와 공감으로 학생을 가르치신 '최고의 소통가' 선생님 사례

고등학교 때, K 선생님은 학생들에게 인기가 많았다. 혼내지 않으시기 때문이라는 단순한 이유였다. 그 말을 듣고 보니 K 선생님이 수업에서 학생들을 나무라는 것을 거의 본 적이 없었다. 하다못해 학생들이 떠들어도 여느 선생님처럼 조용히 하라고 소리치거나 교탁을 세게 두드리는 행동도 하지 않으셨다. 웃으면서 "쉬고 싶은 것 잘 알고 있어. 힘들지만 10분만 더 참아보자."라고 하셨다. 신기하게도 통제력이 없을 것 같은 부드러운 이 말 한마디에 시끌시끌하던 교실은 금세 조용해졌다. 오히려 무섭게 혼내는 선생님의 경우, 그 순간만 조용할 뿐 학생들은 금세 다시 떠들기 시작했다.

다른 선생님들도 학생들이 순순히 K 선생님의 말을 따르는 것을 신기해했다. 어느 날 한 선생님이 K 선생님께 "아이들이 떠들면 화나지 않으세요? 어떻게 화를 안 내세요?"라고 물었다. 또 다른 선생님은 화 한 번 안 내는데 학생들이 말을 잘 듣는 것이 더 신기하다고 하셨다. 이 말을 들은 K 선생님의 대답은 이러했다. "수업 시간에 떠드는 것이 잘못된 행동이라는 것을 이미 알고 있는 학생들을 혼내는 것은 반감만 더 갖게 할 뿐이다. 알면서 그렇게 행동할 때는 분명 전하고 싶은 메시지가 있기 때문이라고 생각한다. 그것이 아무리 뻔하고 하찮은 이유라 할지라도 경청할 자세를 보여주는 것이 중요하다고 생각한다."

지금 K 선생님의 대답을 되짚어보면, 의사소통을 할 때, 먼저 상대방의 말에 귀를 기울이고, 공감하는 것이 상대의 마음을 움직이고 설득할 수 있는 가장 큰 힘이라는 것이다. 선생님은 이미 다년의 교직 경험으로 깨닫고 실천하고 계셨던 '최고의 소통가'셨다.

K 선생님이 담임이셨을 때 우리 반에 유명한 친구 P가 있었다. 날카롭고 굉장히 공격적인 태도에 가족, 친구뿐 아니라 학교의 그 누구도 말을 붙이지 못했다. 만약 누군가 심기를 건드리면 어른과 아이 상관없이 바로 욕하고 싸움을 걸 만큼 항상 날이 서 있었다. 어느 날 P가 학교를 4일 동안 무단결근했다. 부모님께 자초지종을 들어보니, 아빠가 혼을 내자 자기를 이해 못 해준다며 화를 내고 가출했다고 한다. 선생님께서 이틀 내내 P에게 전화를 하셨고, P는 일주일 만에 등교했다.

P는 매우 방어적인 태도였다. 말투와 억양에서 불만과 화가 느껴졌다. 선생님을 쳐다보는 눈빛과 표정은 마치 '당신도 내 말 듣지 않을 거면서 왜 오라고 했어?'라고 말하는 것처럼 귀찮음과 짜증이 가득했다. 친구의 태도를 보고 모두 눈물 쏙 빠지게 혼날 것으로 생각했다. 그러나 모두의 생각과 달리 선생님은 평소처럼 웃으면서 "오랜만이다."라고 인사하셨다.

방과 후, P는 선생님과 오랫동안 이야기를 나누었고, 그 후에도 매주 선생님과 정기적으로 대화의 시간을 가졌다. P는 점차 변했다. 한 학년이 끝날 때쯤 P가 먼저 친구들에게 간단하게 말을 걸고, 가끔 웃을 만큼 완전히 다른 사람이 되었다. 몇 년 후 P를 만났을 때, K 선생님을 인생을 바꿔주신 은인이라고 했다.

면담할 때, 단 한 번도 P에게 잘못했다고 말씀하지 않으셨다고 한다. 가장 기억에 남고 감동받았던 것은, 선생님이 P에게, "이렇게 예민해진 데는 이유가 있을 거야. 부모님 말씀처럼 삐뚤어져서가 아니라, 부모님도 나도 너도 다 같이 잘못한 부분이 있으니 함께 하나씩 해결해보자. 그동안 네 잘못이라고만 했으니 얼마나 속상했니? 오죽 답답했으면 네가 마음을 이렇게 표현했을까 생각하니 선생님이 미안하다."라고 말씀하셨다고 한다.

화를 낼 수 있는 상황에도 침착하게 이해하고 공감하는 태도를 유지하며 대화하는 것은 상대방에게 감동을 준다. 그것이 결국 마음을 움직이고, 사람을 변화시킬 수 있는 큰 힘이 된다는 것을 알게 된 값진 경험이었다.

항상 딸의 마음을 먼저 헤아려주시는 '따뜻한 소통가' 어머니 사례

완벽주의 성향이 있는 나는 목표가 생기면 목표를 달성할 때까지 무척 예민한 편이다. 이런 성격 덕분에 일의 완성도가 높아지는 장점이 있다. 반면, 말을 할 때 스트레스가 함께 터지는 경우가 종종 있다. 오랜 회사 생활로 단련된 덕분에 회사에서는 감정을 억누르고 조절하는 것이 가능하다. 그러나 집에 오는 순간 모든 긴장이 풀리면서 한 번씩 스트레스가 폭발한다. 특히 나를 가장 사랑해주시는 어머니에게 모든 화살이 돌아간다. 나를 가장 잘 알고 아껴주시는 분이니까 제일 잘해야 하는데, 나는 종종 입에서 가시를 내뱉는 나쁜 딸이 된다.

어머니는 정말 대단하신 분이다. 이런 나에게 단 한 번도 화를 내거나 혼내신 적이 없다. 내 딸이 나처럼 했으면 어땠을까 하고 생각해보면, 어머니의 인내심과 이해심이 놀라울 뿐이다. 단지 딸의 말투가 화가 나지만 참고, 한 귀로 흘리시는 것이 아니다. 예민한 딸이 왜 예민할 수밖에 없는지 상황을 살펴보신다. 또한 잘하고 싶어서 부담감으로 가득한 딸의 마음을 들여다보신다. 그리고 온전히 내 편에 서서 '잘할 수 있어.', '너니까 해낼 수 있어.', '너는 잘 될 수밖에 없는 사람이야.'라고 말씀하시면서 무한한 신뢰를 보여주신다. 그럼 나는 용기와 힘을 얻고 다시 마음을 추스르고 나아간다.

이렇게 따뜻한 소통을 하는 우리 어머니를 한 친구가 아주 부러워한다. 이 친구는 엄마와 같이 사는 것이 힘들어서 일찍 독립했다. 친구는 지금도 엄마와 1분 이상 대화하면 싸우기 때문에 전화 통화도 용건만 간단히 한다. 나는 힘든 일이 있으면 어머니께 이야기한다. 나를 이해해주시고 힘을 주실 것이라는 강력한 믿음이 있기 때문이다. 그러나 그 친구는 가장 끝까지 숨기는 사람이 어머니이다. '네가 잘못했으니까 그렇지.', '너는 왜 아직도 그런 실수를 하니?', '나이가 몇 살인데 지금도 그러니?'

라고 항상 친구를 나무라시기 때문에 아무 것도 말하기 싫다고 했다. 한 번은 너무 억울한 일이 있어서 어머니께 말했더니, 바보같이 그런 일이나 당하고 다닌다며 화를 내셨다. 친구의 입장을 묻지도, 이해하려 하지도 않으셨다.

만약 우리 어머니가 나를 공감하고 이해하기 위해 노력하지 않으셨다면 어떻게 됐을까? 나도 친구처럼 어머니를 명절에만 보고, 용건이 있을 때만 통화하는 마음이 철벽처럼 단단하게 굳은 사람이 되지 않았을까.

말의 힘은 참으로 위대하다. '네가 오죽하면 그랬겠니?'라는 아주 짧고 간단한 문장인데, 효과는 실로 대단하다. 상대방을 이해하고 공감하며, 감동을 준다. 언성을 높이지 않고, 내가 원하는 대로 상대방을 기분 좋게 움직일 수도 있고, 딱딱하게 굳어버린 마음을 서서히 녹이기도 한다. 인간관계에서 윤활유와 같은 이 문장을 기억하자. 나의 배려와 공감하는 모습을 보여주고, 상대방의 마음속에 깊이 자리 잡는 사람이 되어보자.

05

상대방에 씌워진 프레임을
벗겨내자

사람은 살면서 다양한 일을 겪고, 방대한 양의 정보를 접하게 된다. 이 렇게 직접, 간접적인 경험들이 축적되면서, 무엇이 옳고, 무엇이 그른 것 인지, 무엇이 좋고 무엇이 싫은지, 자기 나름대로 판단 기준을 세우게 된 다. 이 기준이 긍정적으로 작용하면, 그 사람은 주변의 말에 흔들리지 않 는 소신 있는 사람, 자기 믿음이 강한 자신감 넘치는 사람이 된다. 그러 나 부정적으로 작용할 경우, 편견과 고정 관념으로 가득 찬 앞뒤 꽉 막힌 고집스럽고 융통성 없는 사람이 될 뿐이다.

편견은 공정하지 못하고 한쪽으로 치우치는 생각이다. 고정 관념은 어떤 집단이나 사람들에 의해 만들어진 잘 변하지 않는 생각을 의미한다. 둘 다 직접 경험해보지 않고, 머릿속에 깊게 새겨진 생각이나 정보의 프레임에 갇혀, 미루어 짐작하고 판단하는 성숙하지 못한 태도이다.

인종, 종교, 정치, 국가처럼 범지구적인 편견은 국제적, 사회적 문제를 초래하므로 매우 위험하다. 범위는 좁으나 상대방에 대한 편견 역시 한 사람의 정신과 삶에 영향을 주기 때문에 반드시 없어져야 할 태도이다.

소문이 만든 편견을 경계하라

고등학교 1학년 때, 우리 반에 전학 온 친구가 있었다. 이 친구는 학교를 옮긴 지 두세 달의 시간이 지났지만 어울리는 친구가 없었다. 소풍이나 수학여행을 갈 때면, 버스에서 같이 앉을 짝이 없어 항상 담임 선생님이 챙겨주셨다.

겉도는 모습이 계속되자, 이 친구에 대한 소문이 돌기 시작했다. '누가 말 걸어봤는데 듣는 척도 안 했대, 싸가지 없대.', '선생님께 잘 보이려고 반에서 있었던 일 몰래 다 말씀드린대.', '몰래 누구 불러서 혼내는 것 봤대. 앞뒤 모습이 완전 다르대.'와 같은 내용이었다. 소문만 들으면, 선생님의 스파이 역할을 자처하고 친구를 무시하는 학교에서 가장 나쁜 학생이었다.

나를 비롯해서 그 친구 주변에 앉는 친구들은 때로 혼자 겉도는 그 친구가 안쓰러웠다. 하지만 무성한 소문에, 선뜻 먼저 말 걸기가 힘들었다. 솔직히 말하면, 안 좋은 소문의 당사자와 가까이 지냈다가 같이 피해를 보는 것은 아닐까 걱정되었다. 그 친구의 소문은 끝없이 만들어졌다. 그리고 반에서, 학교에서 친구들에게 투명 인간이 되었다.

한 학년이 거의 끝날 무렵, 담임 선생님이 전학을 가는 사람이 있다고 말씀하셨고, 그 친구였다. 그동안 쌓인 편견이 얼마나 무서운지, '자기가 못됐게 행동하고선 다른 학교를 왜 가?'라는 웅성거림과 함께, 아무도 그 친구를 그리워하거나 궁금해하지조차 않았다.

얼마 후, 그 친구에 관한 이야기를 들었다. 우리 학교가 세 번째 전학하는 학교였다. 이 친구의 학창 시절은 첫 번째 학교에서 시작된 소문으로 힘들어지기 시작했다. 첫 번째 학교에서 반 친구와 싸웠는데, 그 친구가 소위 말하는 '학교짱'의 여자친구였다. 학교짱은 여자친구의 기분을 풀어주기 위해, 이 친구에 대한 여러 가지 소문을 만들고 괴롭혔다고 한다. 견디지 못해, 다른 학교로 전학을 갔다. 그러나 각 학교짱의 연락망을 통해 이 친구에 대한 소문과 정보가 퍼졌고, 두 번째 학교에서 역시 이미 아주 나쁜 학생이 되어 있었다. 새로운 환경에 적응하고, 친구를 사귈 기회도 없었다. 이 친구는 점차 말이 없어졌고, 소극적이 되었으며 우울증이 왔다.

속상하셨던 친구의 부모님은 거주 지역과 최대한 멀리 떨어진 학교에 보내기 위해 다른 구에 있는 우리 학교를 선택한 것이다. 이 친구는 우리 학교에 올 때 새롭게 시작할 수 있다는 희망이 있었을 것이다. 그러나 마음의 상처가 깊고, 교우 관계에 대해 자신감을 잃었기 때문에 쉽게 친구들과 어울리지 못한 것이다. 이렇게 우리는 소문과 편견으로 상처받은 친구에게, 또 다른 소문과 편견으로 상처를 더 깊게 만들어버렸다.

그 누구도 한 사람을 판단하고 평가해서는 안 된다. 그 사람을 직접 겪었다 할지라도, 사람은 불완전하기 때문에 완벽하게 객관적인 판단을 할 수 없다. 따라서 주관이 들어가고 고정 관념과 편견이 생기게 된다. 하물며 출처도 명확하지 않은 뜬소문을 근거로 한 사람을 판단할 수 있겠는가.

우리 중 단 한 명이라도, 그 친구에게 선입견 없이 다가가 먼저 말을 건넸다면 어땠을까? 하는 뒤늦은 후회와 반성을 하게 된다.

첫인상이 만든 선입견을 잊어라

어느 날 친구 S에게 전화가 왔다. 새로 뽑은 팀원이 마음에 들지 않는다며 굉장히 스트레스를 받고 있었다. 실장님과 팀장인 친구 S가 팀원을 뽑기 위해 함께 면접을 보았다. 최종 후보 두 명 중 실장님과 친구 S가 마음에 드는 친구가 달랐다. 경력이 비슷했기 때문에 친구는 팀에 잘 융화할 수 있는 싹싹하고 잘 웃는 면접자가 좋았다. 반면 실장님은 다소 무뚝뚝하지만 꼼꼼하게 일할 것 같은 면접자를 더 선호하셨다. 결국 실장님이 마음에 드는 사람을 뽑은 것이다. 함께 붙어서 일해야 하는 건 본인인데, 마음에 드는 사람을 뽑지 못해 불만이 가득했다. 그 친구가 팀 분위기를 해칠까 봐 미리 걱정하고 있었다.

두 달 후 친구 S를 만났다. 새로 뽑은 팀원은 잘 적응하고 있는지 너무 궁금했다. 친구가 나를 보자마자 한 첫 말은 "역시 사람은 겪어봐야 해."였다. 출근한 첫날부터 2주 동안은 역시나 자기 판단이 틀리지 않았다며 확신했다고 한다. 따라서 새로 온 친구에게 더 엄하고 날카롭게 말했다고 한다. 새로운 환경과 업무에 적응해야 하므로, 아마도 무뚝뚝한 성격은 더 말이 없고 숫기가 없는 태도로 나타났을 것이다.

시간이 지나고 일과 환경에 익숙해지자, 첫인상에서는 감히 짐작도 할 수 없었던 웃는 얼굴, 팀원들에게 먼저 인사하는 싹싹한 모습으로 변하고 있었다. 일도 곧잘 하고, 태도 역시 밝게 변하고 있으니, 친구 S는 아주 만족해했다.

그 팀원은 친구 회사에 면접을 보기 전 7곳의 면접을 연달아 떨어졌다. 불안한 마음에 하향 지원하여 작은 회사에 들어갔으나, 석 달 후 회사가 어렵다며 권고사직 당했다고 한다. 그래서 면접에서 떨어질까 봐, 합격해도 회사에서 나가라고 할까 봐 트라우마가 생겨, 그렇게 경직되어 있던 것이다.

우리는 첫인상을 통해 '이 사람은 이럴 것이다.'라고 지레짐작하는 경우가 있다. 그러나 첫인상과 다르게 반전 매력을 보여주는 상대방도 많다. 함께 지내보지 않고 그 사람의 내면과 가치를 아는 것은 불가능하다. 첫인상이 주는 선입견으로 인해, 처음부터 상대방에게 마음의 벽을 세우는 실수를 하지 말자. 내가 별로라고 생각했던 그 사람이 내가 가장 아끼고 믿는 사람이 될 수 있다.

한정된 경험으로부터 생긴 고정 관념을 절대적이라고 생각하지 말아라

혹자는 '지금까지 계속 직접 겪어보고 판단하라고 말하지 않았냐?'고 말할 것이다. 맞다. 주변 사람의 의견에 흔들리는 것이 아니라, 경험을 통해 주관을 뚜렷하게 하는 것은 중요하다. 다만 경험이 판단 기준을 정립하는 데 '진짜로 도움이 되는 경험'이 되기 위해서는 반드시 전제되어야 할 생각이 있다. 그것은 바로 내 경험이 반드시 항상 옳은 것은 아니라는 열린 자세이다. 같은 경험이라도 각자의 상황, 성격 등 여러 가지 요소에 따라 다르게 받아들이기 때문이다.

K 과장이 관리하던 거래처를 받게 되었다. K 과장은 나에게 이 거래처

에 대해 질문도 많고 열심히 하는 적극적인 곳이라고 했다. 또한 필요할 때만 찾는 거래처도 많은데, 이곳은 매일 인사하는 예의 바른 업체라고 소개시켜주었다.

　결론부터 말하면, 나는 이 거래처와 맞지 않았다. 거래처 담당은 매일 아침 나에게 카톡으로 비슷한 인사 메시지를 보냈다. 그러나 나는 형식적인 안부 인사는 안 하는 것만 못하다고 생각하기 때문에, 거래처의 얕은 관리 수단으로 생각되었다.

　질문 역시, 나와 진행하고 있는 업무와 관련된 직접적인 궁금증은 언제든 환영이다. 그러나 그 외의 질문을 하는 것은 반드시 해야 할 질문과 아닌 것을 구분하지 못하는 업무 미숙과 깔끔한 커뮤니케이션 능력 부족으로밖에 보이지 않았다. 내가 이 거래처를 누군가에게 소개한다면, K 과장과는 정반대로 설명했을 것이다. 또는 내가 좀 더 업무적으로 여유로운 상황이었다면, K 과장이 소개한 내용에 동의했을 수도 있다.

　이 사례에서 알 수 있듯이, 상대방을 판단하는 데 잊지 말아야 할 것은, '이 사람 진짜 별로야.'라고 단정 짓는 것이 아니라, 받아들이는 사람의 성격과 상황에 따라 다양한 판단을 할 수 있다는 사실이다.

　우리는 상대방을 만나면 어떤 사람인지 먼저 판단하고, 그 생각은 태도나 말투에 반영된다. 나는 그런 사람이 아니라고 생각하는가. 그럼 한

가지 질문을 해보겠다. 나는 나와 관련된 모든 상대방에게 선입견 없이, 이해 득실을 고려하지 않고 똑같은 마음으로 대하는가?

사람은 완벽하지 않다. 모든 사실을 알 수 없고, 현장에 있지 않았던 이상 당시 상황을 정확하게 판단하기 힘들다. 타인의 동기를 100% 이해할 수도 없고, 편견으로 시야가 흐려져 보지 못하는 부분도 있다. 이렇게 불완전한 우리가 상대방에게 씌운 프레임은 상처를 안겨주고, 우리가 올바르게 판단하는 것을 방해할 뿐이다.

프레임을 벗겨내자. 내가 알고 생각하는 것이 정확하다는 아집에서 벗어나자. 그리고 열린 마음으로 상대를 바라볼 수 있도록 노력하자.

06

상대방 마음
느껴보기

사람은 혼자 살 수 없다. 관계 속에서 성장하고 관계를 바탕으로 살아간다. 상대방이 나와 친해지기 위해 먼저 다가올 수도 있지만 내가 원하는 상대방과 관계를 맺기 위해 내가 먼저 다가가야 하는 때도 있다. 그러기 위해서는 상대방과의 대화에서 좋은 인상을 남겨야 한다. 다시 만나보고 싶은 사람, 친해지고 싶은 사람이 되어야 한다.

좋은 인상을 줄 수 있는 가장 좋은 방법은 무엇일까? 상대방의 이야기에 공감하는 모습, 상대방의 마음을 헤아리고 배려하는 모습을 보이는 것이다. 이런 경우, 무의식 중에 상대방은 나를 '잘 통하는 사람', '이해심

많은 사람'이라는 인상을 받고, 친근감을 느끼게 된다.

　만약 상대방의 이야기가 너무 지루하여 다양한 신호를 보냈음에도 불구하고, 눈치 없이 같은 이야기를 계속한다면 어떨까? 아마도 상대방의 인상은 따분한 사람, 센스없는 사람으로 낙인되어 다음 만남으로 이어질 가능성이 작다. 또는 내가 하는 말에 반응이 거의 없거나, 기계적인 반응을 할 때 또는 '아~', '네~'와 같이 단답형인 경우, 상대방이 내 이야기에 관심이 없거나 공감하고 있지 않음을 직감적으로 느낄 수 있다. 이런 상대방과 더 좋은 관계로 발전하고 싶은 마음이 들겠는가.

　아마 사람에게 속마음을 읽을 수 있는 능력이 있다면, 오해가 줄어들고, 상대방이 원하는 말과 행동을 함으로써 나에게 호감을 갖게 하는 것은 쉬울 것이다. 그러나 안타깝게도 우리는 상대방의 속마음을 알 수 없다. 그럼 어떻게 상대의 마음을 알 수 있을까? 비언어적 메시지를 파악하거나, 역지사지 자세를 갖는 방법이다.

캘리브레이션(calibration)

　캘리브레이션이란 상대의 속마음을 비언어적 메시지를 통해 인식하는 방법이다. 대화는 말로 하는 언어와 몸으로 표현하는 언어, 두 가지로 이루어져 있다. 말로 하는 언어는 입을 통해 이야기하는 대화 내용이고, 몸으로 표현하는 언어는 표정, 몸짓, 억양, 호흡, 안색과 같은 비언어적 메시지이다. 따라서 대화 중 상대방의 마음을 제대로 알기 위해서는 두 가지 모두 관찰해야 한다.

예를 들어, 환하게 웃는 밝은 표정으로 "반가워, 오랜만이야."라고 했을 때, 대화 내용과 표정이 모두 반가운 표현으로 일치한다. 이런 경우, 우리는 상대방이 오랜만에 만난 친구를 보고 진심으로 반가워한다는 것을 알 수 있다.

그러나 만약 말은 반갑다고 하는데, 얼굴은 억지로 웃고 있고 억양도 그다지 밝지 않다면 정말 반갑다고 말하는 것일까? 만나고 싶지 않은 사람을 마주쳐 어쩔 수 없이 인사하고 있다는 것을 알 수 있다.

이렇게 비언어적 메시지는 진심을 더 잘 표현한다. 왜냐하면 말은 체면을 위해 예의상 얼마든지 포장할 수 있지만, 순간적으로 나오는 표정이나 비언어적 메시지 하나하나까지 이성적으로 컨트롤하기 힘들기 때문이다.

얼마 전 6개월 만에 친구 Y를 만났다. Y와는 20년 넘은 사이로 얼굴만 봐도 서로가 무엇을 원하는지 알 수 있을 만큼 가까운 사이이다. 만나기로 한 날의 컨디션은 매우 좋지 않았다. 야근에 개인적인 일까지 겹쳐 두 달 가까이 수면 부족 상태로 생활하고 있었고, 몸에서 무리했다는 신호가 하나둘씩 나오고 있었다. 그러나 약속을 미루고 싶지 않았다. 너무 오랜만에 만나기도 했고, 힘들 때 Y를 보기만 해도 기분이 좋고 힘을 얻기 때문이다.

저녁을 먹은 후, 카페에 앉아 수다 삼매경이 되었다. 서로 그동안 못했던 이야기를 하느라 정신없었다. 내가 피곤해하는 것을 Y가 알면 불편해할까 봐 티 내지 않기 위해 신경을 썼다. 다행히도 Y를 오랜만에 만나 굉장히 신난 상태였기 때문에 에너지가 넘치고 있었다.

두 시간쯤 지났을 무렵 Y가 너무 피곤해 보이는데 괜찮냐고 조심스럽게 물었다. 나는 어떻게 알았는지 궁금했지만, 이 자리를 깨고 싶지 않아 괜찮다고 했다.

10분 정도 후 Y가 피곤하면 오늘은 그만 헤어지고 다음 약속을 잡자고 말했다. 내가 피곤하다는 표현을 무의식 중에 보여 불편했나 생각이 들어 미안했다. Y에게 어떻게 알았는지 물었고, 안색과 눈빛을 보고 피곤하다는 것을 알았다고 한다. 역시 이십년지기 친구답게 나의 세밀한 부분의 변화까지 알고 있었다.

Y의 경우 목소리, 억양, 표정보다 상대적으로 알아채기 힘든 나의 얼굴빛과 눈빛을 보고 매우 피곤하고 쉬고 싶은 상태라는 것을 파악하고 먼저 쉬라고 말해주었다. 이렇게 내 마음을 알아주고 먼저 배려해주는 상대방에게는 호감도가 높아질 수밖에 없다. 왜냐하면 내가 원하는 것을 파악했다는 것은 나의 비언어적 표현을 유심히 관찰했다는 것이고, 이런 태도는 상대방에 대한 애정과 관심이 바탕이 되어야만 가능하기 때문이다.

역지사지(易地思之) 태도

상대방의 마음을 잘 느끼기 위해서는 우선 상대방의 이야기에 공감해야 한다. 이야기에 공감한다는 것은 상대방이 당시 느꼈던 기분과 심리 상태를 나도 비슷하게 느낀다는 의미로, 역지사지의 태도가 바탕이 되어야 한다. 말로만 이해하고 동의한다는 것은 진정한 역지사지가 아니다. 사자성어 의미대로 입장을 바꾸어 생각해보아야 한다. '내가 저 사람이라면 어떨까?', '내가 저 상황이었으면 어떤 기분이었을까?' 자신에게 여러 번 물어보고 다양한 각도로 생각해보는, 진지하고 사려 깊은 행동이 수반되어야 한다.

역지사지가 쉽게 되는 때도 있다. 바로 상대방과 비슷한 경험을 한 경우이다. 동일하지 않지만, 유사한 경험을 토대로 더 쉽게 상대의 마음을 짐작할 수 있다. 그러나 모든 사람이 비슷한 경험을 하는 것은 현실적으로 불가능하기 때문에, 진심으로 상대방의 상황을 다양하게 고려하고, 내 일처럼 생각하고 공감해야 한다.

학창 시절 내가 가장 싫은 과목이 수학이었다. 그러나 대학에 입학하기 위해 포기할 수 없는 과목이었기 때문에 매일 울며 겨자 먹기로 공부했다. 억지로 공부하니 당연히 성적은 좋지 않았고, 급기야 유명한 과외 선생님을 소개받았다. 이 선생님은 과학고등학교를 졸업하고 S대 수학

과에 입학한 수재였다. 과외 경험도 많다고 했다. 좋은 선생님을 만났으니 나만 열심히 하면 된다고 생각하여 열정이 가득했다. 오랜만에 예습과 복습을 하고, 수업 시간마다 선생님께서 질문을 쏟아냈다. 지금까지 열심히 하지 않았던 만큼 질문의 수준이 낮은 경우도 많았다. 세 번 정도 수업할 때까지 선생님은 내 질문에 대해 별말 없이 설명해주셨다. 그러나 조금 친해지고, 말을 편하게 하게 되자 문제가 생겼다.

하루는 선생님께서 정말 의아하다는 듯이 학급 등수도 높고, 다른 과목 성적도 다 높은데 수학만 못한다는 것이 이해가 되지 않는다고 하셨다. 나는 "하기 싫어서 안 해서 그래요, 이제 열심히 할 거예요."라고 대답했다. 그 이후 선생님은 내가 하는 질문의 수준이 낮은 경우, 진짜 이것도 모르냐고 말씀하시면서 의아한 표정으로 설명하셨다. 기분이 나빴던 나는 소개시켜준 친구에게 모든 상황을 설명했다. 친구는 이미 선생님을 알고 있다는 듯 "선생님이 수학을 못한 적이 없어서 수학 못하는 애들을 잘 이해 못 하시긴 해."라고 했다. 대신 수학을 잘하는 학생들은 선생님이 알아서 더 깊은 내용까지 가르쳐주어 만족도가 높다고 했다.

두 번째 소개받은 선생님 역시 대단한 분이셨다. 고1까지 반에서 30등 후반에 있다가, 고2부터 정신 차리고 공부하여 Y대학교에 입학한 노력형 수재였다. 첫 번째 과외 선생님께 많이 실망했던 나는 두 번째 선생님께 큰 기대가 없었다. 이것도 모르냐며 이상한 눈으로 볼 것이라 생각했기 때문에 질문도 하지 않았다. 그러나 두 번째 선생님은 달랐다. 질문하지 않아도 내가 모를 것 같은 내용을 알아서 찾아 설명해주셨다.

몇 번의 수업 후, 용기를 내어 선생님께 질문을 했다. 첫 번째 선생님 같으면 '아직도 이 내용을 모르니?'라며 깜짝 놀라실 기초적인 질문이었다. 그러나 선생님은 "나도 갑자기 수학 공부 시작했을 때, 이 개념이 머릿속에 정리되지 않아서 엄청 고생했는데… 이 부분이 처음엔 좀 어려워."라고 말씀하셨다.

그리고 수학에 잔뜩 주눅이 들어 있는 나에게 "너가 하는 질문은 나도 똑같이 궁금했고 몰랐던 것들이니까 기죽지말고 질문해."라고 말씀해주셨다. 이후 나는 수학에 처음으로 흥미를 느끼게 되었고, 두 번째 선생님과 공부하며 수학 점수가 많이 향상되었다.

두 선생님의 차이점은 무엇이었을까? 물론 선생님이라면 학생이 어떤 질문을 해도 잘 설명해주어야 한다. 첫 번째 선생님도 나의 질문에 성실히 설명해주셨다. 그러나 매번 '어떻게 이걸 모르지?'라는 미묘한 표정이 보였기 때문에 기가 죽었다. 과학고등학교를 다니셨기 때문에 고등학생이라면 당연히 알아야 한다고 생각하는 수준의 차이가 있었고 나를 이해하기 힘드셨을 것이다. 반면 두 번째 선생님은 고2때부터 정신 차리고 벼락공부를 했기 때문에, 뒤늦게 수학 공부를 시작하는 나의 부담감, 불안함, 초조함을 쉽게 공감할 수 있었다.

누군가의 마음을 느끼고 알아차린다는 것은 그만큼 상대방에게 관심이 있음을 나타내는 반증이다. 앞으로 대화할 때, 상대방의 말 외에 비언어 메시지도 함께 살피자. 또한 역지사지를 마음에 새기고 '나라면 어땠을까?' 항상 생각해보는 태도를 갖자. 상대방은 당신의 배려와 공감, 센스에 고마움을 느끼고 한 발짝 더 가까워지고 싶은 마음이 생길 것이다.

상처 주지 않고 내 편으로 만드는 대화법

THE WAY OF
CONVERSATION

2장

사람을 얻는 호감형 대화법은
따로 있다

첫 3초에 결정되는
첫인상

Primacy effect(초두 효과)란, 첫 만남에서 느낀 인상, 외모, 분위기가 상대방에 대한 고정 관념을 형성하는 것을 말한다. 그렇게 대인관계에 영향을 미치는 효과로서, 첫인상 효과라고도 한다. 부정적인 상황이 발생했을 때, 첫인상이 좋았던 사람은 이해하고 좋게 생각하려고 한다. 반면, 첫인상이 좋지 않았던 사람은 그럴 줄 알았다며, 안 좋은 일을 벌일 사람으로 잠재의식에 각인된다.

미국 다트머스 대학교에서 FMRI라는, 뇌의 특정 부위를 촬영하는 최첨단 기계를 이용해 첫인상에 대한 메커니즘을 연구했다. 그 결과 첫인상을 판단하는 시간은 1,000분의 17초밖에 걸리지 않는다고 한다.

같은 취지로 모 취업 포털 사이트에서 기업 인사 담당자를 상대로 설문조사를 실시했다. 그때 인사 담당자 과반수가 면접 시 지원자의 첫인상을 판단하는 데 걸리는 시간은 '2분 이내'라고 했다. 그리고 이 중 63.4%는 첫인상이 스펙보다 중요하다고 답했다.

그만큼 사회생활에서 원활한 인간관계를 맺고, 원하는 결과를 얻는 데는 첫인상이 매우 중요하게 작용한다.

첫인상부터 무례했던 협력 업체 사례

첫 전화 통화부터 미팅까지 무례한 태도로 일관해 예의 없는 사람으로 각인된 협력 업체 B 실장 이야기다. 업체를 입점하기 위해, 사전 약속을 한 후, 미팅을 하게 되었다. 사실, 전화로 약속을 잡을 때부터 인상이 좋지 않았다. 일반적으로 누가 방문할지 결정할 때, 상대방이 와 주길 바라는 경우, 본인이 방문할 수 없는 이유를 정중하게 설명한다. 그러나 B 실장의 말은 "전 바빠서 못 가니까, 그쪽에서 오셨으면 좋겠어요."였다. 기분이 상했지만, 공적인 일에 사적인 감정을 개입하지 말아야겠다는 생각에 무시했다.

미팅 당일, 팀장님을 모시고 업체를 방문했다. 중요한 회의가 늦게 끝났다며, 10분 지각한 B 실장. '그래, 회의가 늦게 끝날 수도 있지.'라고 생각하며 참았다. 팀장님께서 우리의 계획과 제공할 수 있는 혜택을 설명하셨다. 그 25분 남짓한 시간 B 실장은 이야기에 집중하기는커녕, 휴대전화로 문자 보내기, 다이어리에 동그라미 그리기, 다리 떨기, 손 지압하기를 하느라 엄청 바빠 보였다.

설명이 끝난 후의 질의응답 태도 역시 가관이었다. 의자를 뒤로 쭉 빼서 다리를 꼬았다가, 오른팔을 의자 등받이에 올리는 등 그 시간을 스트레칭 시간으로 활용하는 것 같았다. 또한, 설명을 제대로 듣지 않았었던 만큼 이해되지 않는 포인트를 질문하는 것이 아니라, 기억이 나지 않는다며 한 부분을 통째로 다시 설명해달라고 요청하기도 했다. 그리고 할 말이 생각나면, 상대방 말을 끊고 자신의 이야기를 했다.

윈윈하기 위해 만난 미팅 자리가, 팀장님과 내가 평가받는 면접자가 된 기분, 큰 죄를 지어 용서를 빌러 간 대역죄인 같은 기분을 느끼는 자리가 되었다. 당연히 매우 불쾌한 미팅이었다. 나는 '전화 통화할 때부터 별로더니 미팅 당일 지각하고 태도도 무례하고, 역시나 첫인상대로였어'라고 생각했다.

이후, 함께 일하며 B 실장으로부터 꽤 많은 지원을 받고 괜찮은 성과를 내었다. 하지만 이미 내 머릿속에 B 실장은 '무례하고, 집중력이 떨어지는 사람, 상대방에 대한 배려가 없는 사람, 직급을 이용해 회사 예산을 마치 자기 돈인 것처럼 착각하는 지질이'로 새겨져 있었다.

'사회에는 갑을 관계가 있고, 좋은 결과만 만들면 되는 것 아니냐?'라고 말할 수도 있다. 협력사를 갑을로 나누는 것은 옳지 않은 태도다. 하지만 이러한 생각이 잘못되었다는 것을 말하기 위해 굳이 밝히자면, 우리 회사가 갑의 위치였다. 누구나 들으면 아는 회사로, 최소 동등한 관계로 만난 자리였다.

우리는 여러 관계 속에서 살고 있다. 관계에 따라 내가 강자일 수도, 약자일 수도 있다. 하지만 어떤 관계인지 여부가 대화의 태도를 결정지을 수는 없다. 따뜻하고 예의 바른 태도는 좋은 관계를 만드는 데 반드시 요구되는 행동이다. 그리고 그 좋은 관계의 시작은 긍정적인 첫인상에서 비롯된다는 것을 잊지 말아야 한다.

옷차림으로 첫인상이 바뀐 사례

김하 님의 『탈무드 잠언집』에는 이런 내용이 있다. "자기 고장에서는 평판에 의해 평가되고, 다른 고장에서는 입고 있는 옷에 의해 평가된다." 옷은 사람의 첫인상을 결정하고, 나아가 관계 형성에 영향을 미치기 때문에 그만큼 중요하다는 말이다.

주임이었을 때의 일이다. 거래처 중 사업체가 지방에 있어, 직접 만나지 못하고 전화로 업무를 했던 업체가 있었다. 그 대표님은 걸쭉한 사투리에 약간의 말더듬증도 있었다. 의견을 여쭤보면 항상 "글쎄요…."라고만 답하셨다. 이런 분이 어떻게 사업체를 운영하실까 의아할 만큼 상상 속의 대표님은 시골의 돈 많은 아저씨 그 이상도 이하도 아니었다.

어느 날 그 대표님이 서울에 볼일이 있어 오신 김에 미팅을 잡게 되었다. 약속 시간이 되어 로비로 내려갔는데, 아무리 찾아봐도 대표님이 보이지 않았다. 도착 전이라고 생각하고 기다리고 있었는데, 한 중년 신사분이 나를 향해 걸어오셨다. 대표님이셨다. 고급스러운 원단의 더블버튼 정장, 잘 닦인 구두, 깔끔하게 정돈된 머리와 은테 안경. 내 머릿속의 시골 아저씨 모습과는 정반대의 모습이었다.

그렇게 미팅에 들어갔는데 놀라운 일이 벌어졌다. 의견이 없어 답답하기만 했던 모습은 신중한 사업가의 모습처럼 보였고, 사투리는 정감 있게 들렸으며, 말더듬증은 오히려 핸디캡을 극복하고 성공하신 대표님을 더욱 돋보이게 했다.

전화 통화로만 사람을 판단했던 나의 미성숙함은 매우 부끄러운 일이다. 그러나 이때의 경험으로, 첫 만남에서 옷차림이 주는 인상이 얼마나 강렬하고 중요한 것인지 몸소 배우게 되었다. 그 후 나는 누군가와의 첫 만남을 준비할 때, 지금도 그때의 신선한 충격을 떠올리며, 옷차림에 신경을 쓴다. 거래처가 패션 회사면, 좀 더 개성 있고 트렌디하게, 보수적인 회사면 컬러와 디자인을 모던하게 입는다. 상대방이 부드러운 성격이면, 옷을 좀 더 여성스럽게 입고, 기선 제압이 필요할 때는 피 한 방울 나지 않을 것 같은 분위기를 연출한다.

물론 일에서 요구하는 능력과 태도도 중요하다. 하지만 첫인상이 바뀌는 데 200배의 정보량이 필요하다고 하니, 옷차림은 성공적인 대화와 앞으로의 관계를 위한 핵심 전략이 아닐 수 없다.

첫인상을 좌우하는 말투와 단어

말은 곧 그 사람의 인품이라고 했다. 사용하는 말투, 언어를 들어 보면, 생각의 깊이, 수준, 성격까지도 가늠할 수 있다. 아무리 깔끔한 옷차림을 하고, 바른 자세로 경청하는 상대방이라 하더라도, 말투가 너무 가볍거나, 상스러우면 가까이하기 꺼리게 된다.

2년 전 오래된 친구가, 나와도 잘 맞을 것이라며 자신의 친구를 술자리에 부른 적이 있다. 친한 친구의 친구이니 함께 알고 지내면 좋으리라 생각했다. 친구의 친구는 굉장히 외향적인 성격이었다. 만남의 자리에 오자마자 밝게 웃으면서 인사하는가 하면, 이야기를 풀어놓으며 바로 분위기를 주도했다. 그러나 몇 초 지나지 않아 그녀의 말 한마디에 열리고 있던 나의 마음은 바로 닫혀버렸다. "오늘 술맛 XX 좋네, 짱 신나." 기분이 너무 좋아서 그렇게 표현한 것이라는 걸 알면서도, 대기업 과장이란 타이틀 속에 숨겨진 그녀의 진짜 모습은 무엇일까, 생각해보게 되었다.

　나이, 상황, 관계에 맞는 적절한 단어와 말투를 사용하는 것도 첫인상에 매우 중요하다는 것을 알 수 있다.

　사람은 끊임없이 다른 사람들과 대화하고 관계를 맺으며 살아간다. 따라서 대화는 사람과 사람을 이어주는 첫 번째 스텝이다. 그러면 다음 스텝으로 넘어가기 위해서는 어떻게 해야 할까? 위의 몇 가지 사례에서 알 수 있듯이, 호감 가는 첫인상을 만들어야 한다.

　태도, 옷차림, 말투, 사용하는 단어와 같이 비교적 빠르게 개선할 수 있는 외적인 요소를 객관적으로 바라보자. 그리고 스스로 개선할 수 있는 부분과 전문가의 손길이 필요한 부분을 파악하고 도움을 받도록 하자. 그러면 어느새 나도 한 번 더 만나고 싶은 사람, 오랫동안 대화하고 싶은 사람이 되어 있을 것이다.

웃는 얼굴,
긍정적인 표현

한 취업 플랫폼에서 300여 개 기업을 대상으로 조사한 결과, 75.1%의 인재 채용 담당자들이 면접을 중요하게 평가한다고 했다. 특히 면접에서 주목하는 부분은 웃는 얼굴, 긍정적 단어, 풍부한 어휘력이라고 한다. 그만큼 웃음과 긍정 언어는 호감 있는 인상을 만들어주는 중요한 요소이다.

우리가 대화하는 이유는 무엇일까? 가장 큰 이유는 상대방과 좋은 관계로 발전하기 위해서이다. 서로 말이 통하고 마음이 통하여 호감을 느끼기 위해서는, 우선 상대방의 기분이 좋아야 한다. 기분이 좋으면, 마음이 자연스럽게 열리고 대화에 긍정적으로 참여하기 때문이다. 어떻게 하면 기분 좋고 즐거운 분위기를 만들 수 있을까? 바로 웃는 얼굴로 긍정적인 표현을 사용하여 말해야 한다.

웃는 얼굴은 인상을 호감형으로 바꿔주는 가장 효과적인 도구이다. 미소 속에는 '당신을 알게 되어 기쁘다.', '당신에게 호감이 있다.', '나는 당신 편이다.'와 같이 긍정과 격려의 의미가 담겨 있다. 따라서 상대방에게 미소를 지을 때, 상대도 무의식 중에 나에 대한 방어 태세가 누그러지고 자연스럽게 내 이야기에 마음을 열고 들을 준비가 된다.

긍정적인 표현 역시 인상을 좋게 하고, 상대방의 기분을 좋게 만드는 말하기 기술이다. 함께 이야기하면, 왠지 모르게 힘이 나고, 즐거운 사람이 있다. 반면, 어떤 사람과 이야기하면, 불쾌감이 느껴지고, 에너지가 가라앉는 느낌을 받는다.

두 사람의 차이는 무엇일까? 말을 할 때 긍정적인 표현과 부정적인 표현 중 무엇을 더 자주 사용하느냐의 차이이다. 습관적으로 '잘되겠어?', '쉬운 일이 아니야.', '난 못 해.'와 같은 말을 자주 사용하는 사람과 이야기하면, 나도 모르게 자신감이 줄어들고 불안감을 함께 느끼게 된다. 반면 '잘할 거야.', '할 수 있어.', '고마워.'와 같은 긍정적인 언어를 사용하는 사람과 대화하면 무엇이든 할 수 있을 것 같은 자신감이 생긴다. 말은 생각의 바탕이 되고, 생각은 감정에 영향을 주며, 감정은 태도에 변화를 주기 때문이다. 즉, 긍정적인 말은 상대방의 생각에 영향을 주고, 긍정적인 감정을 느끼게 만들어, 나에 대한 태도 역시 긍정적으로 나타나게 한다.

웃는 얼굴에 매출까지 올라갔던 매장 사례

모 브랜드에서 각 매장을 관리할 때의 일이다. 고가 브랜드로 주요 백화점에 입점하여 있었다. 나는 본점 및 강남의 매장들을 관리했다. 매출이 많이 나오는 만큼 까다로운 고객이 많은 곳이었다. 한 매장이 매니저의 건강상 이유로 두 달가량 매니저 없이 아르바이트생으로만 운영되었다. 물론 본사 직원이 아침, 저녁으로 방문 관리하였으나, 하루 종일 붙어 있을 수는 없었다. 평이 좋은 매장이었기 때문에 팀장님을 비롯하여 모두가 큰 문제가 없을 것으로 생각했다.

이 매장은 항상 매출 상위 3번째에 들어가고, 고객 불만족이 0에 가까운 잘 운영되는 매장 중 하나였다. 그러나 매니저가 부재인 한 달째 되었을 즈음부터 매출이 조금씩 떨어지기 시작했다. 또한 고객 불만이 하나둘씩 늘어났다. 본사에서 아르바이트생을 직접 교육하고 파견했기 때문에 서비스 문제 때문이라고 생각하지 못했다.

원인 파악을 위해 현장 조사를 나간 어느 날, 백화점 담당자가 "아르바이트생을 바꾸든지, 매니저를 빨리 복귀시키는 것이 좋겠다."라고 귀띔해주었다. 매니저가 있을 때는, 아이 쇼핑만 하던 고객들도 구매하게 될 만큼 매니저가 친절하고, 생글생글 웃으면서 싹싹하게 응대했다고 한다. 그러나 아르바이트생만 있는 지금은, 일이니까 어쩔 수 없이 웃는다는 느낌이 전달되어 상품에 대해 이것저것 질문하는 것이 불편하다고 했다. 또한 클레임이 발생했을 때, 고객이 싫은 소리를 하면, 아르바이트생도 기분 나쁜 표정이 드러나 쉽게 해결할 수 있는 일도 감정이 섞여 일이 커진다고 했다. 단골 고객에게 전화를 걸어 불편한 사항을 조사했을 때, 응답의 90% 이상이 불친절함이었다. 동시에 고객들은 잘 웃는 매니저 어디 갔냐고 물었다.

우리는 원래 매니저가 복귀하기 전까지 매출 상위 매장의 매니저가 양쪽 매장을 관리하도록 했다. 이 매니저 역시 잘 웃는 친절한 매니저로 고객 평가가 좋았다. 그렇게 매니저가 관리하고 2주쯤 지나자, 놀랍게도 매출이 오르기 시작했고, 고객 클레임도 점차 줄어들었다. 이 경험으로 웃는 얼굴의 중요성을 다시 한 번 느끼며, 본사에서도 표정 관리 및 미소 짓기 교육을 더욱 강화하게 되었다.

웃는 얼굴은 비단 서비스직, 판매직뿐 아니라 모든 인간관계에서도 마찬가지이다. 상대방을 기분 좋게 설득하고, 문제를 원활하게 해결하는

데 큰 역할을 하는 중요한 태도이다. "웃는 얼굴에 침 못 뱉는다."라는 속
담처럼 나를 보며 미소 짓는 상대방에게 거친 태도를 보이거나 강력하게
거절하는 것은 쉽지 않은 일이다. 웃으면서 말하는 연습을 하자. 웃는 얼
굴은 상대방의 마음을 움직이는 힘이 있음을 잊지 말자.

팀장의 성향과 표현 방법에 따라 상반된 분위기를 가진 두 팀의 사례

에모토 마사루의 『물은 답을 알고 있다』는 말이 갖는 에너지를 실험을
통해 잘 보여준다. '감사', '사랑'과 같은 긍정적인 말을 들은 물은 아름다
운 결정을 만든 반면, '짜증 나.', '못 해.'와 같이 부정적인 말을 들은 물은
일그러진 결정체를 만들었다. 비슷한 실험으로 양파실험이 있다. 음악을
들려주며 키운 양파는 싱싱하게 자라났다. 반면 욕을 들려준 양파는 성
장이 고르지 못하고, 건강하지 않았다. 두 실험을 통해 알 수 있는 것은,
말에는 고유한 에너지가 있다는 것이다. 따라서 어떤 말을 사용하느냐에
따라 상대방에게 긍정적, 부정적인 영향을 미칠 수 있다.

감사, 긍정적인 언어를 사용하면, 상대방은 따뜻함과 기분 좋은 에너
지를 받는다. 따라서 나에 대한 이미지가 좋아지고, 호감이 상승하여, 마
음을 열게 된다. 반면, 부정적인 표현은 상대방을 내가 원하는 대로 움직
일 수 없다. 오히려 나에 대한 나쁜 감정만 커질 뿐이다. 또한 반복적으

로 부정적인 말을 한다면, 주변 사람들은 나에게 점차 불편함을 느끼고 거리를 두게 될 것이다.

회사를 다니며 여러 팀장님을 경험했다. 어떤 팀은 분위기가 밝고, 긍정적이어서 일이 힘들어도 기분 좋게 이겨낼 수 있는 힘을 얻는다. 반면 어떤 팀은 분위기 자체가 가라앉아 있기 때문에, 힘든 상황이 더 힘들게 느껴지고, 언제 팀장님께 나쁜 말을 들을지 몰라 전전긍긍하기도 한다. 보통 팀 분위기는 팀장님의 사용하는 언어와 태도에 따라 좌우된다.

A 팀장님 팀일 때는 하루하루가 눈치 보는 생활이었다. 팀원들은 퇴사하거나, 팀을 옮기고, 심지어 극심한 스트레스로 인해 병원에 다니는 사람도 있었다. 사람들은 조직 개편을 할 때마다, A 팀장님 팀이 되지 않는 것이 목표일 만큼 태도와 인성이 좋지 않은 분이었다. 팀원이 되어보니 이분의 가장 큰 문제점은 말투와 표정, 사용하는 단어였다.

회의 시간에 무표정한 얼굴에 날카로운 말투로 "다른 의견 있으면 말해요."라고 하신다. 누가 봐도 다른 의견을 말하면 화낼 분위기이다. 누군가 용기를 내어 다른 의견을 이야기하면, 짜증을 꾹꾹 누른 목소리로 상대방의 의견이 틀렸다며 조목조목 반박했다. 또한 팀원과 면담하는 시간에도, 부정적인 단어만 골라서 사용하셨다. 예를 들어, '다른 팀원들을 좀 더 배려하면 좋을 것 같다.'라고 말하면 될 것을, "본인 문제가 뭐라고 생각해요? 왜 직급이 그만큼 높아졌는데 자기 생각밖에 안 하죠?"라고 말씀하신다. 이렇게 부정적인 말투와 단어를 사용하는 경우, 설사 내가 정말 이기적이었을지라도, 반성하는 마음은커녕 기분만 상하게 된다. 따라서 A 팀장님의 면담 시간은 팀원들이 허심탄회하게 힘든 점을 털어놓고 문제의 개선점을 찾고 상의하는 시간이 아니라, 기분만 상하는 피하고 싶은 시간이었다.

또한 부정적이고 상대방의 다른 점을 틀린 것으로 바라보는 팀장님은 사사건건 팀원들의 일하는 방식이나 태도가 마음에 들지 않았다. 그때마다 매번 표정, 말투, 억양에서 기분 나쁨을 뿜어내셨으니, 팀 분위기는 항상 가라앉아 있고 살얼음판을 걷는 것처럼 불안했다.

반면 B 팀장님은 모든 상황을 팀원 입장에서 바라보려 노력하고, 이해하려는 긍정적인 태도셨다. 따라서 팀원들은 팀장님께 감사함을 느꼈고, 자발적으로 더 잘하기 위해 노력했다. 팀이 결속력도 강했고, 분위기도 좋았다. 한번은 사고를 낸 적이 있다. 나 혼자만의 실수는 아니었지만, 책임자로서 혼날 만한 상황이었다. 그러나 팀장님은 '급하게 하더니 이럴 줄 알았다.'라고 나무라는 대신 "나라도 그 상황이었으면 그랬을 것 같아요. 다음엔 좀 더 꼼꼼하게 살펴보도록 해요."라고 말씀하셨다. 혼내시는 것보다 더 많이 죄송했고, 감사했다. 며칠 후 팀장님께 왜 혼내지 않는지 여쭤보았다. 팀장님은 "각자 상황이 있었을 텐데, 무조건 혼내는 것은, 기분만 상할 뿐 개선되는 것은 아무것도 없다. 좋게 말해도 얼마든지 좋아질 수 있다."라고 하셨다.

　B 팀장님은 상대방의 기분을 상하지 않고, 얼마든지 변화를 만들 수 있는 긍정적인 표현의 중요함을 알고 계셨다. 이 사건 이후, 우리는 팀장님을 더 존경하게 되었고, 팀 분위기는 더욱 끈끈해졌다.

　짜증이 가득하고 부정적인 말을 하는 사람과 웃는 얼굴로 긍정적인 표현을 하는 사람이 있다면 누구의 부탁을 들어주고 싶은가? 누구와 더 친해지고 싶은가?

　내가 하는 말과 표정은 나의 마음의 표현이라고 했다. 상대방과 함께 긍정적인 방향으로 발전하고 싶다면, 내가 먼저 웃는 얼굴과 긍정적인 말을 사용하여 상대방에게 호감을 주자. 그러면 상대방은 조금씩 스스로 변화하고 있을 것이다.

03

상대가 듣고 싶어하는
칭찬을 하라

앞의 내용에서 상대방과 좋은 관계를 만들기 위해 웃는 얼굴과 긍정적인 표현으로 상대의 기분을 좋게 만들어야 한다고 했다. 상대방의 기분을 좋게 만들고 호감을 느끼게 하는 또 하나의 방법은 칭찬이다. 칭찬을 싫어하는 사람은 없다. 설사 그 말이 인사치레라 하더라도 기분이 나쁘지 않다. 왜냐하면 사람은 사회적 동물로서 다른 사람에게 관심과 인정을 받고, 필요한 존재라는 것을 확인받고 싶어 하기 때문이다.

칭찬을 받은 사람은 칭찬해준 사람에 대해 긍정적인 태도와 열린 마음을 갖게 된다. 나의 장점을 칭찬한다는 것은, 기본적으로 상대방이 나에게 애정을 갖고 유심히 관찰했다는 의미이기 때문이다. 상대방에게 부정적인 감정을 가진 채 관찰하면, 아무리 찾아보아도 마음에 들지 않는 행동만 보일 것이다.

칭찬을 통해 상대방의 관심을 알게 되면, 행복을 느끼고 표정 또한 행복할 것이다. 또한 상대방이 내 칭찬으로 인해 행복한 모습을 보이면 나역시 기분이 좋고 상대방에게 호감을 느끼게 된다. 이렇게 칭찬은 인간관계와 사회생활에서 관계를 부드럽게 하고, 마음을 유연하게 만드는 역할을 한다.

고객이 듣고 싶어하는 칭찬을 함으로써 단골 손님이 많은 미용실 사례

칭찬은 어색한 분위기를 풀어주고, 상대방과의 관계를 가깝게 만드는역할을 한다. 서먹한 분위기는 서로를 매우 불편하게 만든다. 이럴 때 칭찬은, 대화의 물꼬를 트고 경직된 분위기를 부드럽게 만드는 데 도움이된다. 다만, 주의할 점은 두루뭉술하게 하는 칭찬은 지양해야 한다는 것이다. 오히려 기계적이고 영혼 없는 칭찬은 입바른 소리 잘하는 가벼운사람으로 보이고, 분위기가 더 어색해질 수 있다. 따라서 상대방이 진심을 느낄 수 있도록 구체적인 내용을 칭찬하는 것이 중요하다.

10년 가까이 다닌 단골 미용실이 있다. 이 미용실에 정착하기 전까지 여러 미용실을 다녔지만, 오랫동안 다니고 싶은 미용실이 없었다. 머리는 마음에 드는데 불친절하거나, 디자이너의 응대가 너무 가식적이어서 부담스러운 경우가 많았다. "고객님, 오늘 얼굴이 너무 화사하세요.'라며 칭찬하는데 3일의 야근으로 오른쪽 얼굴에 큰 뾰루지가 나 있는 상태였다. 그러나 머리가 마음에 들어 몇 달 후 재방문했다.

이번에 역시 "고객님, 얼굴이 화사하세요."라고 했다. 지난번 나의 모습을 세심하게 기록해두었다면, 피부가 좋다는 칭찬 말고 다른 칭찬을 했을 것이다. 또한 몇 달 후 방문했음에도 똑같은 문장의 칭찬을 하는 모습에 진실성은 전혀 찾아볼 수 없었다. 디자이너의 영혼 없는 칭찬이 불편하고, 신뢰가 없어진 나는 다시 방문하지 않았다.

어느 날 친구에게 소개받은 미용실에 가게 되었다. 머리를 하며 디자이너는 자연스럽게 팔찌가 예쁘다고 칭찬했다. 직접 만든 팔찌였기에, 팔찌 만드는 이야기로 대화가 이어졌다. 조금 후 디자이너는 내 샌들을 언급하며 신고 싶었던 디자인이라며 칭찬했다. 어디서 샀는지 물었고 자연스럽게 쇼핑 이야기로 대화가 이어졌다. 그 후에도 머리를 하는 동안 디자이너는 여러 가지 칭찬을 했는데, 전혀 불편하지 않았다. 진심으로 마음에 들고 관심이 있어서 물어보는 것 같은 느낌을 받았기 때문이다.

몇 개월 후 다시 미용실을 방문했다. 디자이너는 "지난번 샌들도 마음에 들었는데, 오늘 샌들도 맘에 드네요."라고 자연스럽게 칭찬했다. 몇 달 전을 기억하며 칭찬하는 디자이너의 관심과 진심이 느껴져 즐겁게 대화를 이어갔다. 다른 칭찬도 역시 나를 잘 관찰한 후 딱 맞는 내용을 이야기했다. 그 후 몇 번을 더 방문하는 동안 디자이너는 나를 유심히 살피고, 그날의 컨디션에 부합하는 칭찬을 했다. 고객 한 명 한 명 관찰하고, 장점을 알아주는 디자이너의 노력이 대단했다. 또한 사소한 말이라도 진심이 전해졌기 때문에 기분이 좋아졌다. 그렇게 나는 단골이 되었다.

칭찬으로 업무 태도가 완전히 바뀐 사례

칭찬은 더 열심히 하게 만드는 동기 부여가 된다. 칭찬받은 당사자는 다음에 또 인정받기 위해 장점을 더 발전시킨다. 그리고 더 많은 칭찬을 받기 위해 다른 행동 또한 긍정적으로 변화하기 위해 노력한다.

팀의 업무를 보조하기 위해 계약직 직원 K를 뽑았다. 성실한 직원도 있었지만, 2년 계약이 끝나면 나간다는 생각에 책임감이 부족한 직원들도 많았다. 따라서 일의 완성도가 매우 떨어졌고, 업무가 끝나지 않았어도 퇴근 시간이 되면 말없이 퇴근하는 행동이 비일비재했다. 팀장님께서 주의하라고 하였으나 기분만 나빠할 뿐 전혀 고쳐지지 않았다. 이런 일이 서너 번 반복되자 팀장님은 K에 대해 매우 부정적으로 생각하게 되었다. 이것을 느낀 K는 더욱 불성실한 태도로 회사에 다녔다. 더 이상 K에게 신경을 쓰고 싶지 않았던 팀장님은 나에게 K의 관리를 맡기셨다. 나 역시 무슨 말을 해도 흘려듣는 K의 태도에 지쳐갔다.

어느 날 K에게 시장 조사 업무를 맡겼다. 역시나 불성실했던 K는 말없이 원래 일정보다 늦게 제출했으나 혼내지 않았다. 혼내봤자 내 기분만 나빠질 것이었기 때문이다. 그렇게 조사한 내용을 바탕으로 보고서를 작성했고, 팀장님께 칭찬을 받았다. 나는 K에게 시장 조사를 잘한 것에 대해 칭찬하며 고마움을 표현했다. 사실, 이때 칭찬은 아무 감정 없는 인사치레였다.

K는 다음 날부터 말투나 업무 태도가 조금씩 변하기 시작했다. 이유를 찾던 나는 칭찬 때문이라고 생각했고, 성실한 모습이 보기 좋다며 또 한 번 칭찬해보았다. K는 업무에 대해 칭찬할수록 완성도가 높아졌고, 더욱 열심히 했다. 모두에게 방어적이었던 K는 나에게만큼은 웃는 모습을 보이고 먼저 말을 거는 등 벽을 허물게 되었다.

칭찬은 누구나 좋아한다. 특히 K처럼 인정 욕구가 강한 사람의 경우, 마음을 열고 동기 부여 하는 데 칭찬만큼 좋은 방법도 없다. 비단 회사에서뿐 아니라 친구, 부모, 자식, 배우자와의 관계에서 또한 상대방을 기분 좋게 자발적으로 움직이는 데 칭찬은 매우 효과적인 방법임을 기억하자.

칭찬으로 상대방 기분을 좋게 만들어 거절의 확률을 줄인 사례

우리는 살면서 상대방에게 부탁하기도 하고, 상대방이 나에게 부탁하기도 한다. 이때 어떤 상황에서 부탁하느냐에 따라 상대방이 거절할 수도 있고, 기꺼이 들어줄 수도 있다. 만약 머리가 매우 복잡하고 기분이 좋지 않은 상황에서 누군가가 나에게 부탁한다면 어떨까? 부탁 내용 자체에 집중하기 힘들 것이다. 또한 내 상황이 편하지 않으므로, 부탁 자체가 귀찮거나 부담될 수 있다. 실제로 따져보면 매우 간단한 부탁일지라도 말이다.

그러나 기분이 좋은 경우, 마음이 너그러워지고 여유가 생긴다. 따라서 상대방의 상황을 공감할 수 있고, 무리한 부탁이 아닌 이상 들어주게 된다. 따라서 설득해야 하거나 부탁할 때, 충분히 칭찬하여 기분을 좋게 만드는 것이 효과적이다.

예전 팀에 팀장님을 전담하던 차장님이 계셨다. 언변이 좋았던 차장님은 까다로운 팀장님께 의견 충돌 하나 없이 부탁하고 팀장님 역시 부탁을 쉽게 들어주셨다. 차장님은 항상 팀원들에게 필요한 요구사항을 말씀드리기 전, 아침부터 팀장님의 기분을 맞추셨다. 옷, 화장과 같은 외모 칭찬부터 팀장님께서 지적하신 부분까지 덕분에 많이 배웠다며 팀장님을 높이며 칭찬하셨다. 이렇게 팀장님의 기분이 오전 동안 좋아진 후, 차장님은 넌지시 우리 팀에 필요한 내용을 말씀하셨고, 백발백중이었다.

차장님도 처음부터 이렇게 하셨던 것은 아니었다. 처음엔 팀장님과 많이 부딪혔다고 한다. 그러다 우연히 팀장님 기분이 좋으신 날 요구사항을 말씀드렸는데, 여느 때와 다르게 흔쾌히 들어주시는 것을 경험한 후, 터득한 나름의 방법이었다. 이후, 차장님은 팀장님뿐 아니라 우리에게 부탁할 일이 있으면, 똑같이 기분을 먼저 좋게 만드는 작업을 했다. 설령 차장님이 요구사항을 위해 일부러 노력하는 것을 알지라도, 본인을 맞춰주고 높게 세워주는데 싫어할 사람이 어디 있겠는가. 서로 기분 좋게 부탁하고, 부탁을 들어주게 되었다.

물론 중요한 사안의 경우 객관적 사실을 바탕으로 논리적으로 판단하는 태도가 필요하다. 여기서 말하는 부탁은 일상생활 하면서 할 수 있는 가벼운 부탁이지만, 인간관계에 영향을 미치는 부탁을 말한다. 칭찬을 잘 활용하면 부탁하는 사람도, 부탁을 들어주는 사람도 기분 좋고 관계도 좋아질 수 있는 기회가 된다. 반면, 부탁을 제대로 하지 못하는 경우, 거절하는 상대방도, 거절당한 상대방도 둘 다 기분이 상하고 서먹한 상황이 생길 수 있기 때문이다. 부탁을 기분 좋게 하는 것도 사회생활에 매우 중요한 기술이다.

칭찬은 상대방의 마음의 벽을 허물 수 있는 강력한 무기이다. 자주 칭찬하는 것은 원활한 인간관계를 유지하고, 관계를 발전시키는 데 큰 도움이 된다. 평소에 주변 사람들을 애정을 가지고 관찰해보자. 관심을 가질수록 상대방의 외모뿐 아니라 사소한 습관, 속마음까지도 알아차릴 수 있고, 칭찬의 범위는 더욱 넓어지게 될 것이다. 그만큼 상대방은 나에 대해 호감도가 올라가고, 나는 많은 사람이 친해지고 싶은 사람이 될 것이다.

상대의 이름 또는 직함을
기억하라

데일리 카네기의 『인간관계론』에 보면, 사람들이 당신을 좋아하도록 만드는 6가지 방법 중 "상대방의 이름을 잘 기억하라."라는 내용이 있다. 상대방의 이름은 듣는 입장에서는 모든 말 중에서 가장 달콤하고 중요한 말로 들리기 때문이라고 한다. 철강왕이라 불리는 카네기는 철강에 대해 아는 것이 전혀 없었음에도 그 분야 최고가 되었다. 그 이유 중 하나는 함께 일하는 동료들의 이름을 기억하고 불러줌으로써 그들에게 가치를 부여하고, 존중하는 모습을 보였기 때문이다.

이름은 곧 나 자신이다. 이름을 기억한다는 것은 상대방이 나를 기억한다는 것이고, 내가 상대방에게 중요한 사람이라는 기분을 느끼게 한다. 그 순간 나 역시 상대방에게 호감이 생기고, 마음이 서서히 열려 관계는 더욱 가깝게 된다.

사회생활에서는 직함 역시 이름만큼 중요하다. 요즘은 점차 '님'으로 호칭하는 문화로 바뀌는 추세이지만, 아직도 많은 회사에서는 직함을 사용한다. 직함은 조직에서 상대방을 어느 정도 설명해주는 중요한 정보다. 상대가 하는 일이 무엇이고, 회사에서는 어떤 위치이며, 대략 나이나 연봉은 어느 정도인지 짐작할 수 있게 해준다.

이렇게 이름과 직함은 사회에서 나를 나타내는 수단이다. 그 때문에 정확히 사용한다면 상대방을 내 사람으로 만들 수 있는 첫 단계가 될 수도 있다. 반면 그러지 못하면 어색하고 불편한 사이가 될 수도 있다.

손님을 세심하게 기억함으로써 감동을 준 약국 사례

요즘 약국은 한 블록에 한 개씩 있을 만큼 매우 많다. 심지어 같은 건물 지하와 지상층에 약국이 하나씩 있기도 한다. 그동안 나는 기분에 따라 아무 약국이나 방문하곤 했다. 그러나 석 달 전부터는 10분 정도 더 걸어가더라도 꼭 찾아가는 단골 약국이 생겼다.

이 약국 주변으론 병원이 많다. 그래서 고개를 돌리면 어느 위치에든 약국이 있다. 나는 아프면 병원이 모여 있는 이 동네로 온다. 병원은 다니던 곳을 지정해 재방문한다. 하지만 약국의 경우는 동네의 모든 약국을 방문해보겠다는 심산이었는지, 매번 새로운 약국에서 약을 구매했다. 얼마 전까지 여러 약국을 다녔던 걸 보면, 기억에 남거나 특별히 가고 싶은 약국은 없었던 것 같다.

작년 말 운동하다가 다쳐 무릎 피부가 깊게 찢어진 탓에 두 달가량 피부과에 내원했었다. 진료 후 소염진통제 구매를 위해 약국에 갔다. 나를 본 약사님은 "오랜만에 오셨네요. 지난달 위염은 금방 나으셨어요? 장염이랑 함께 와서 힘드셨을 텐데…."라고 친절하게 말하는 것이었다. 그 말에 나는 너무나 깜짝 놀랐다. 처방전을 주기 전이어서 내 개인 정보를 조회해 과거에 처방받았던 약을 보고 하는 말이 아니었기 때문이다. 나조차 지난달 내가 위염에 걸렸었다는 사실을 까마득히 잊고 있었는데 말이다.

그런데 이 약사님은 나를 기억한 것이다. 내가 어떻게 기억하시냐고 묻자, 약사님은 "수많은 약국 중에 내 약국을 방문한 분들께 감사하는 마음으로 성함과 증상을 기억하기 위해 항상 노력한다."라고 하셨다. 나는 정말 대단하신 분을 만났구나 하며 가슴 깊이 감동받았다.

처음 한두 번은 나를 기억하는지 궁금해서 테스트하는 마음으로 방문했다. 역시나 내 이름을 언급하며, 지난번 무릎 상처는 얼마나 호전되었는지 물어보았다. 다른 환자분이 방문해도 똑같았다. 예를 들어, "○○○

어머님, 허리는 좀 괜찮으세요?"라고 물어보는 식이었다.

이렇게 해서 나는 이 약사님의 팬이 되고 단골이 되었다. 왠지 이 약사님께 약을 지으면 더 많은 정성이 들어갔을 것이라는 기대와 정말 내가 더 빨리 나을 것 같다는 생각이 들어 기분이 좋아진다.

이 일로 나는 상대방의 마음을 움직이기 위해, 이름을 기억하고 불러주는 것이 얼마나 중요한지 직접 체험할 수 있었다. 나아가 상황이나 부가적인 내용을 함께 기억한다면 상대방이 나로 인해 어떤 감동을 받게 되는지 배우게 되었다.

이후, 나는 전화번호를 저장할 때 메모란에 상대방의 상태, 자녀의 이름, 승진 사항, 생일과 같은, 대화 중에 나온 정보를 함께 저장한다. 그리고 다음에 상대방과 전화할 때, 그 약사라면 어떻게 인사했을까 생각한다. 그러면서 "XXX 과장님, 지난번 통화할 때 감기 때문에 목소리가 안 좋으셨는데 다 나으셨나요?"라고 말을 건넨다.

직함을 잘못 불러 거래처 담당의 기분을 상하게 했던 사례

업무 통화를 하다 보면, 직함을 잘못 부르는 경우가 종종 있다. 수십 명의 거래처와 통화하기 때문에, 상대방이 나를 잘못 부르는 일도 있고, 내가 실수할 때도 있다. 우리 회사의 경우 '님' 문화가 정착되고 있어 그런 실수를 크게 개의치 않는다. 그러나 상대 회사에 '직급 문화'가 존재한다면, 민감한 문제일 수도 있다. 특히 상대가 기다리던 승진을 했을 때는 더 그렇다. 직함을 잘못 불렀다는 것을 알아차리면, 나는 다음 대화부터는 슬쩍 제대로 된 직함으로 바꾸어 말했다. 그러나 직함을 잘못 불러 거래처 담당이 화가 나서 한동안 일하기 힘들었던 경험 이후, 반드시 잘못을 사과하게 되었다.

담당 직급이 대리인 거래처가 있었다. 한동안 대리님이라 부르며 일했다. 그렇게 한 달 반쯤 지났을 무렵부터 대리의 태도가 점점 비협조적이고 무례하게 변해 기분이 좋지 않았다. 참다못한 나는 그 대리에게 어떤 부분에 불만이 있는지 말해달라고 했다. 그러나 대리는 말을 빙빙 돌렸고, 나도 점점 화가 나기 시작했다. 그가 솔직하게 대답하지 않았기 때문에 말해 봤자 말싸움밖에 되지 않았다.

잠시 후 그 모습을 지켜본 대리의 상사가 나에게 전화해 대리가 왜 그랬는지 이유를 설명해주었다. 나는 놀라고 말았다. 정말 생각지도 못한 이유였다. 과장으로 승진했는데 계속 대리라고 불러 무시당하는 기분에 짜증을 부린 것이라고 했다.

사람마다 중요하게 생각하는 부분은 다르다. 누구는 워라밸이 중요하고, 누구는 승진이 중요할 수 있다. 이 대리의 경우에는 승진이 매우 중요한 사람이었는데, 내가 그 부분을 몰라주었던 것이다.

물론 이 사례에서 성숙하지 못한 대리의 태도 역시 문제가 있다. 그러나 사회생활을 오래 하면서 느낀 점은 직급이 낮을수록, 승진 후 새롭게 단 직함에 대한 프라이드가 매우 강하다는 것이다. 생각해보면, 나도 사원에서 대리, 대리에서 과장이 되었을 때 내심 스스로가 자랑스러웠다. 한동안 새로운 직함으로 불릴 때마다 뿌듯함을 느꼈던 기억이 있다.

내가 겪은 사례는 다소 극단적이다. 그러나 직함을 잘못 불렀을 때, 정도 차이만 있을 뿐 긍정적인 효과는 거의 없다. 우리가 하는 수많은 커뮤니케이션의 목적이, 상대방에게 좋은 인상을 주고 내가 원하는 결과를 얻어 내려는 것이 아니겠는가. 직함을 잘 기억해 애초에 문제를 만들지 않는 것이 가장 좋은 방법일 것이다.

상대방의 이름을 기억하지 못해 난감했던 사례

친구 4명과 모임이 있었는데, 한 친구가 새로운 친구 한 명을 더 초대해 함께 저녁을 먹으며 즐거운 시간을 보냈다. 새로운 친구가 소외감을 느낄까 봐 좀 더 챙겼을 뿐인데, 그 친구는 그런 내가 너무 고마웠다고 했다. 약 두 달 후, 나와 친구, 그 친구 셋이 점심을 먹게 되었다. 그 친구는 내 이름을 부르며 인사했고, 나는 이름이 생각나지 않아 반갑게 인사만 했다. 그 친구는 내가 했던 이야기 중 세세한 부분도 다 기억하고 있었는데, 나는 큰 내용만 생각났다. 섣불리 아는 척 말했다가 실수하면 더 난감해질 것 같아 말을 조심하게 되었다. 그러다 보니 자연스럽게 지난 모임보다 말수가 줄어들게 되었다.

그러자 새로운 친구가 나랑 좀 더 가까이 지내고 싶었는데, 내가 자신을 별로 좋아하지 않는 것 같다고 내 친구에게 말했다고 했다. 정말 미안하고 난감했다. 나는 바로 연락해 내가 왜 그랬는지 솔직히 말하고 지금은 아주 잘 지내고 있다. 하지만 나를 기억해주는 상대방에 대한 기본적인 노력조차 하지 않았던, 예의가 없었던 부끄러운 기억이다.

나는 기억력이 좋지 않아 이름, 시간 등 자세한 정보는 내 것도 잘 기억나지 않을 때가 많다. 따라서 항상 메모를 한다. 문자, 카톡, 다이어리 등 내가 볼 수 있는 다양한 곳에 아주 자세히 적어놓고 나의 부족한 부분을 보완하고 있다. 사례처럼, 알게 된 지 얼마 안 된 사람을 만난 경우, 상대방을 함께 아는 지인에게 이름과 기타 기본적인 정보 중 틀린 부분이 없는지 재확인한다. 그 이후 더 이상 난감함을 겪은 기억은 없다.

성공적인 인간관계를 위해서는 기본만 지켜도 반 이상은 이룬다고 한다. 그러나 우리는 어렵고 힘든 일은 작정하고 신경을 쓰면서도, 정작 쉽고 기본적인 일들은 가볍게 생각하고 간과한다. 그중 하나가 상대방의 이름과 직함을 정확히 기억하는 것이다.

이름과 개인적인 내용까지도 기억한다는 것은 쉽지 않은 일이다. 그만큼 상대방에게 관심과 노력을 기울여야 하기 때문이다. 따라서 자신의 이름과 직함을 기억하고 불러줄 때, 상대방은 정성과 고마움을 느끼고,

나에 대한 호감도는 상승하게 된다.

나는 과연 지인들의 이름과 정보를 기억하기 위해 얼마나 노력하고 있
는가? 다시 한 번 생각해보자.

05

설명은 무조건 쉽고
간결하게 하자

호감을 주는 대화법은 기본적으로 상대방이 나에게 거부감이 생기면 안 된다는 전제를 깔고 있다. 상대에 대해 거부감이 느껴지는 이유로는 여러 가지가 있다. 외모, 말투, 목소리 등 다양한 요소에 의해 거리감을 느끼게 된다. 특히, 가장 거부감이 드는 것은 자만심이 가득한 채, 전문 용어를 남발하며 논리 없이 구구절절 설명하는 것이다. 이것이야말로 최악의 대화라고 할 수 있다.

천재 물리학자 알베르트 아인슈타인은 "간단하게 설명할 수 없으면,

제대로 이해하지 못한 것이다."라고 했다. 즉, 쉽고 간단하게 설명하는 것이 가장 완벽한 설명이라는 것이다.

'프레젠테이션의 황제' 스티브 잡스는 어떠한가? 신제품이 출시될 때면, 상품보다 프레젠테이션을 기다리는 사람들이 있을 만큼 그의 설명은 완벽했다. 스티브 잡스는 전문 용어를 사용하지 않았다. 대신 짧고 간단하고 구체적으로 설명했다. 그것은 청중의 집중과 호감을 동시에 얻는 최고의 설명이라 할 수 있다.

쉽고 간단한 설명으로 많은 작가를 배출하신 대표님 사례

청중의 규모가 작은 경우, 개인과 개인 간의 경우도 크게 다르지 않다. 지금까지 겪어본, 가장 쉽고 간단하게 설명하시는 최고 전문가는 〈한책협〉의 김태광 대표님이시다. 글을 처음 써보는 사람, 심지어 책과 담을 쌓은 사람까지도, 한두 달 안에 모두 작가로 만드는 신기한 능력의 소유자시다.

대표님의 소문은 여러 곳에서 들었었다. 다른 곳에서 책을 출간하기 위해 1년 넘게 고생하던 작가들이 알음알음으로 찾아온다고 했다. 1년 넘게 목차도 완성하지 못하던 분들이 빠르면 2주 만에 중견 출판사와 계약을 체결한다고 한다. 요즘 워낙 바이럴 마케팅이 대세이므로, 소문은 신빙성이 없다고 생각했다. '그렇게 책 쓰기가 쉬우면 너도나도 다 작가 되겠네.'라며 솔직히 사기라고 생각했다.

그렇게 기억에서 잊힐 즈음, 지인에게서 〈한책협〉을 소개받게 되었다. 이분 역시 평범한 은행원이었다가, 지금은 1인 사업가로, 작가로 경제적 자유를 이루신 분이다. 직접 체험하고 성공하신 분께 추천받으니, 궁금했다. 그리고 확인하고 싶었다.

그렇게 나는 5주간의 책 쓰기 강의에 참여하게 되었다. 강의의 회차가 거듭될수록 드는 생각은, '이렇게 쉬우면 진짜 너도 나도 작가가 되겠는데?'였다. 대표님의 강의를 들으면, 당장이라도 책 한 권을 쓸 수 있을 것 같은 자신감이 든다. 그만큼 핵심만 콕 찍어 누구나 이해하기 쉽게 강의하신다. 과제 체크 또한 속전속결이다. 쉽게 빨리 가르쳐주시니, 나도 모르게 '글쓰기는 쉽다.'라는 자신감이 잠재의식 속에 각인되었다.

우리는 모두 알고 있다. 글은 아무나 쓸 수 있지만, 책으로 출간하는 것은 또 다른 차원의 일이라는 것을 말이다. 결코, 쉬운 일이 아님을 말이다. 시대 흐름과 니즈를 반영하는 동시에 감동과 공감을 얻을 수 있는 주제를 결정하고, 목차를 작성해야 한다. 주제와 목차만 완성해도 책의 80% 이상은 완성했다고 할 만큼 어렵고 신중해야 하는 작업이다. 다른 곳에서 6개월 이상 소요되는 작업을 김대표님의 코칭 하에 2~3주면 제목과 목차를 완성하게 된다. 그렇게 결정된 제목과 목차에 대한 출판사의 만족도는 매우 높다.

물론 좋은 결과가 나오기까지, 작가들도 굉장히 열정적으로 참여한다. 각자 성장하기 위한 노력이 대단하다. 숙제 이상의 것들도 자발적으로 할 만큼 열정적인 분위기다.

이렇게 좋은 결과가 〈한책협〉에서 유독 빨리 나오는 이유는 무엇일까? 책 쓰기 A부터 Z까지 핵심 내용을 간결하면서도 어느 수준의 작가가 들어도 이해하기 쉽게 가르쳐주기 때문이다. 이것이 가능한 이유는, 대표님 스스로 자만하지 않기 때문이다. 작가 양성이라는 목표를 향한 순수한 열정이 항상 바탕에 있기 때문이다.

만약 경력과 성공에 기대어 자만심이 가득하다면, 쉽고 간결한 설명은 힘들다. 왜냐하면, 사람은 자랑하고 싶으면 말이 많아지기 때문이다. 그리고 업계에서 사용하는 전문 용어를 드러내어, 상대방보다 우월하다는 것을 보이고 싶어 하기 때문이다.

김태광 대표님을 통해, 상대방과 대화할 때, 쉽고 간결함이 최고의 방법이라는 것을 배웠다. 그리고 이것은 상대방에 대한 존중과 겸손에서부터 비롯된다는 것을 알게 되었다.

정리되지 않은 장황한 설명으로 무능한 이미지를 남긴 담당 사례

너무 길고 장황한 설명에 하고자 하는 말이 무엇인지 도저히 알 수 없었던 경험도 있다. 특히 거래처와 하는 비즈니스 미팅의 경우, 한정된 시간에 최대한 협의점을 도출하고, 문제에 대한 해결 방법을 찾아야 한다. 따라서 핵심만 간결하고 깔끔하게 말하는 것이 좋은 인상을 남기는 방법이다.

거래처 A는 코로나로 미팅이 연기되어, 전화로 먼저 인사하고 업무를 시작하게 되었다. 담당 과장은 하나를 질문하면 10개를 설명하는 스타일이었다. 한 번 전화하면 기본 20분이 넘어갈 만큼 설명이 과하다 싶을 때도 있었다. 하지만 전화로만 일을 진행하다 보니, 자세한 설명이 필요한 경우가 간혹 있었고, 감내할 부분이라 생각했다.

드디어 거래처 A 담당과 미팅을 하게 되었다. 이미 유선으로 2개월 이상 일하고 있었던 터라 오늘은 유선으로 협의하지 못한 내용만 해결하면 되었다.

기본적인 소개는 이미 전화로 했으므로 할 필요가 없었다. 그러나 첫 대면이라고 준비한 정성이 있으니 일단 들었다. 전 직장은 어디였고 무슨 일을 했고 이 회사의 연혁은 어떻게 되고 등 현재 진행하는 업무와 전혀 무관한 이야기가 계속되었다. 나는 참석해야 할 다른 미팅도 있었기 때문에 한 시간 내에 결론을 내야 했다.

드디어 업무와 관련한 이야기가 시작되었다. 미팅의 주요 안건은 프로젝트를 업체가 할 수 있는지, 그 여부 확인 및 불가능하다면 다른 대책안까지 마련하는 것이었다. 그러나 문제는 그때부터였다. 분명 우리가 협의해야 할 내용과 관련 있는 이야기였으나 부연 설명이 너무 길었다. 짜증이 슬슬 치밀어 올랐고, 결론을 먼저 말씀하시라고 했다. 그러나 담당은 아주 성실하게 "이 내용이 중요한 부분이라서요, 이것만 들으시면 됩니다."라며 끝까지 설명을 멈추지 않았다. 솔직히 이때부터는 이야기가 귀에 들어오지 않았다. 담당으로부터 긴 이야기를 들었는데 도대체 무엇을 말하고자 하는지, 무슨 내용인지 알 수가 없었다.

미팅 시간은 어느새 50분이 흐르고 있었다. 대책은 고사하고, 참여 여부조차 듣지 못했다. 나는 프로젝트 참여가 가능한지 물었다. 그제야 담당은 당황한 듯이 "지금까지 계속 프로젝트에 참여하지 못하는 이유를 설명해 드린 건데…."라고 했다.

나는 담당에게 "참여하지 못하는 이유가 정확히 몇 개죠? 짧게 이유만 다시 말씀해주세요."라고 했다. 그러나 담당 또한 본인이 한 구구절절한 이야기가 정리되지 않았는지 바로 대답하지 못했다. 이 담당은 한 번의 미팅으로 업무 능력이 부족하고, 답답한 사람으로 내게 인식되었다.

이 경험 이후 나는 미팅할 때, 상대방이든 나든 두괄식으로 대화하는지 더욱 예민하게 체크한다. 비즈니스 미팅은 한가롭게 친목을 도모하는 자리가 아니다. 결론부터 이야기하자. 그 후, 부연 설명과 대책을 논의하자. 이것이 상대방과 나의 시간을 아끼는 효율적인 방법이다.

핵심을 쉽게 설명하여 성공한 영어 선생님 사례

쉽게 설명하는 것은 상대방에게 호감을 주고, 나의 몸값까지 올릴 수 있는 중요한 능력이다. 중학교 때, 강남에 '남선생'이라고 굉장히 유명한 영어 선생님이 있었다.

얼마나 유명한지 지방에서도 학부모들이 성씨 하나만 가지고, 이 선생님을 찾았다. 자신의 아이를 맡기기 위해 1년씩 대기하기도 했다. 워낙 바쁜 분인지라 고등학생만 전담으로 과외를 했다.

운이 좋게도, 나와 내 친구는 남선생의 유일한 중학생 제자가 되었다. 우리를 받아주는 대신 조건이 있었다. 3개월이 지나도 실력이 향상되지 않으면 과외를 취소하겠다는 것이었다. 왜냐하면, 본인의 수업을 듣고서도 실력이 향상되지 않는다면 그건 전적으로 우리의 노력이 부족하기 때문이라는 자신감이었다. 사춘기인 나와 친구는 선생님이 그저 잘난 체하는 것으로밖에 보이지 않았다.

수업을 듣는 시간이 쌓일수록 친구와 내 실력은 급격하게 늘었다. 한 달 반 후에는 처음 받았던 칼럼과 비슷한 수준의 글을 모두 해석할 수 있게 되었다. 정말로 빠른 시간에 결과가 나타난 것이다. 문법을 여느 학원처럼 배우는 것도 아니었다. 다짜고짜 내 수준을 뛰어넘는 글을 주고, 한 시간 동안 한 문장씩 선생님과 토론하며 읽었다. 그러면 어느새 문장이 하나둘씩 해석되었다. 글의 중간까지 읽은 후, 그 뒤 문장들은 느리지만 혼자 해석이 가능한 마법이 일어났다. 친구와 내가 매 수업마다 공통으로 느낀 점은 선생님이랑 있으면 영어가 너무 쉽게 느껴진다는 것이었다.

이분의 이런 코칭 능력은 전국으로 소문이 나게 되었다. 우리가 처음 선생님을 만났을 때, 그는 지하 방에 살며 중고 소형차를 탔었다. 그러나 1년 반 만에 80평대 아파트로 이사하고, 수입차를 뽑았다. 그분이 너무 좋아하며 우리에게 스테이크를 사줬던 기억이 난다.

쉽게 설명할 수 있는 능력이 이분처럼 사회생활에 적용된다면 능력을 인정받고 몸값이 높아질 수 있다. 개인적인 인간관계에서도 더욱 쉽게 상대방을 설득할 수 있고 내 편으로 만들 수 있는 아주 소중한 대화 능력이다.

진정으로 말을 잘하는 사람은 길게 설명하지 않는다. 또한, 외래어나

약자, 전문 용어를 남발하며 쉬운 말도 어렵게 만들지 않는다. 말이 길어질수록 요점이 흐려지고, 상대방은 점점 지루해한다는 것을 잊지 말자. 간결하고 임팩트 있는 설명일수록 상대방의 귀와 가슴 깊숙이 새겨진다는 것을 명심하자.

　상처 주지 않고 내 편으로 만드는 대화법

06

대화를 풍성하게 만드는
바디랭귀지

앨버트 메라비언의 『Silent Messages』에 나오는 학술 연구에 따르면 효율적인 커뮤니케이션의 7%는 언어에서, 38%는 목소리톤에서, 55%는 바디랭귀지를 통해 전달된다고 한다. 그만큼 커뮤니케이션의 요소로써 바디랭귀지는 매우 중요하다. 비언어적 신호이지만, 이것을 유추하여 상대방의 기분, 상황 등 상당히 많은 정보를 파악할 수 있기 때문이다. 바디랭귀지는 표정, 제스처, 눈짓, 손짓 등 몸으로 나타낼 수 있는 모든 표현을 포함한다. 따라서 대화할 때 바디랭귀지를 사용한다면 대화를 더욱 풍성하게 만들고 집중도를 높일 수 있다.

말을 듣는 사람의 경우, 상대방에게 관심이 있고, 대화 내용에 흥미를 느낄수록 대화에 더욱 집중하게 된다. 공감도 더 많이 하게 되므로 표정, 손짓, 자세, 아이컨택 등을 사용하여 반응하는 적극적인 경청의 자세를 보이게 된다. 반면, 상대방의 말에 관심이 없다면 상대적으로 바디랭귀지는 줄어들고 지루한 표정이 가득할 것이다.

말을 하는 경우 역시 바디랭귀지는 매우 중요하다. 적절한 제스처는 자신감을 보여주고 시각적으로 상대방을 집중시킬 수 있으며 말의 전달력을 상승시키기 때문이다.

이렇게 제대로 된 의사소통을 하기 위해서는 말의 내용, 목소리, 바디랭귀지를 모두 파악해야 한다. 예를 들어 말로는 감사하다고 했지만 표정이 비꼬는 느낌을 주는 경우, 어떤 상황에 대해 반어적으로 표현한 것으로 진심으로 감사하다는 표현이 아니다. 반대로 말의 내용, 목소리, 바디랭귀지 모두 고마움의 표현으로 일치하는 경우 진심은 더 크게 전달될 수 있다.

말하는 사람의 바디랭귀지가 청자를 집중시키는 역할을 한 사례

말하는 사람의 표정과 목소리, 제스처가 듣는 사람의 집중도를 높이는 데 중요한 요소임을 다시 한 번 깨닫게 된 경험이 있다.

몇 년 전 거래처에서 4가지 기획상품 중 집중적으로 마케팅할 상품을 선정하는데 의견을 듣고 싶다며 미팅에 참석할 것을 요청한 적이 있다. 거래처 담당들은 자신이 기획한 상품과 발표 자료를 준비했다. 여러 회사에서 참석한 미팅이었기 때문에 담당들은 얼굴에 긴장한 표시가 역력했다. 프레젠테이션이 시작되었다.

첫 번째 발표자는 떨리는 목소리였지만, 침착함을 유지하며 가끔 소심한 제스처를 했다. 임팩트는 없지만, 큰 실수도 없는 발표였다. 담당마다 잘 준비하고 싶은 마음에 한 명당 발표는 30분 이상 걸렸다. 두 번째 발표도 비슷한 수준이었다. 벌써 한 시간이 지나가고 있었기 때문에 듣는 사람들도 살짝 피곤함을 느끼고 있었다.

문제는 세 번째 발표자였다. 한눈에 보아도 너무 긴장한 모습이었다. 입술은 말라 있었고, 발표 자료를 든 손은 창백하고 떨렸다. 얼굴은 상기되어 붉었다. 말을 시작하는데 목소리가 작고 떨림이 심했다. 사회자는 분위기를 전환하고 발표자를 진정시키기 위해 가벼운 이야기를 하며 물 마실 시간을 주었다. 잘하고 싶은 마음을 알기에 모두 이해하는 분위기였다. 그러나 발표자는 전혀 진정되지 않았고, 극도의 긴장 상태로 발표를 시작했다.

듣는 사람과 아이컨택은커녕 시선은 발표 자료에 고정되어 있었다. 시선이 한곳에 고정되어 있으니 몸의 방향도 한곳을 향했다. 작은 목소리는 더욱 들리지 않았다. 마음의 여유가 없으므로 가만히 서서 굳은 표정으로 자료를 읽을 뿐이었다. 이렇게 전혀 나아지는 모습 없이 15분 이상 지속되자, 사람들은 듣는 것을 포기했다. 나 역시 잘 들리지 않는 발표 내용을 듣기 위해 귀를 잔뜩 기울였으나 피로가 몰려왔고 집중력이 떨어졌다. 살짝 핸드폰을 확인하고 불편했던 자세를 고치는 등 발표장 분위기는 다소 산만해졌다. 30분이 흘렀고 발표가 끝났다. 사람들은 마지막 발표가 빨리 끝나기만을 기다렸다.

네 번째 발표자는 당당한 목소리로 자기소개를 했다. 긴장이라고는 전혀 느껴지지 않았다. 자신감 있는 목소리를 듣자 사람들은 하나둘 집중하기 시작했다. 여유로운 시선 처리는 물론이고, 표정 또한 편하고 다양했다. 중요한 내용이 나오면 적절한 손짓과 목소리를 크게 하여 강조하고 싶은 내용이라는 것을 한 번에 알 수 있었다. 사람들은 발표에 집중했고, 이전 발표자들의 내용이 기억나지 않을 만큼 전달력 역시 좋았다. 기획한 상품이 다른 발표자들 것에 비해 월등히 뛰어난지는 알 수 없었다. 그러나 발표만 듣고 판단할 때 적절한 바디랭귀지와 당당한 태도, 자신감 있는 목소리와 같이 비언어적 요소를 적절히 사용한 4번째 발표자의 설명이 가장 인상 깊었음은 부인할 수 없었다.

말하는 사람의 바디랭귀지 사용은 비단 프레젠테이션에서뿐 아니라 개인 간의 대화에서도 매우 중요하다. 상대방이 나의 말에 경청할 수 있도록 하는 힘은 얼마나 흥미롭게 이목을 집중시키며 말할 수 있느냐에 달려 있기 때문이다.

말하는 사람에게 힘을 주는 듣는 사람의 올바른 바디랭귀지 사례

말을 들을 때 역시 적절한 바디랭귀지 사용은 중요하다. 상대방에게 당신의 말을 경청하고 있음을 보여주는 신호이기 때문이다. 경청한다는 것은 상대방의 말소리뿐 아니라 속뜻과 감정까지 이해하려는 진실한 듣기 자세이다. 따라서 내 말을 상대방이 경청하고 있음을 알면, 말하는 사람도 기분이 좋아지고 더 신나서 열정적으로 이야기하게 된다. 반면 내 말에 관심이 없다는 생각이 들면, 더 이상 말을 하고 싶지 않거나 무시당한다는 생각에 기분이 나빠지기도 한다.

사회 초년생이었을 때, 각 팀의 사원들이 여러 팀의 팀장님과 팀원들 앞에서 발표하는 시간이 있었다. 학교에서 과제 발표해본 것이 전부였던 발표자들은 너무 긴장되어 전날 잠을 설친 사람, 배 아픈 사람, 손이 차가워진 사람, 입이 마르는 사람 등 잔뜩 긴장하고 있었다. 다섯 번째 발표자였던 나 역시 앞에 네 명이 발표하는 내내 긴장이 풀리지 않았다.

네 번째 발표자 차례가 되었는데, 한눈에 자료 준비를 열심히 하지 않은 것이 보였다. 내용에 깊이가 없고 급하게 만든 느낌이 역력했다. 나도 보이는데, 하물며 팀장님, 선배님들의 눈에 보이지 않을 리가 없었다. 게다가 첫 발표로 미숙함까지 더하여 분위기가 좋지 않았다. 발표자의 성실하지 않은 보습에 실망한 사람들은 집중하여 들을 마음이 없었다. 팔짱을 끼고 의자 뒤로 기대어 듣는 사람, 자꾸 시계 보는 사람, 조용히 전화 받으러 나가는 사람, 눈은 발표자를 보고 있는데, 손은 손톱을 뜯고 있는 사람 등 이 발표에 관심이 없음을 보여주고 있었다.

이런 모습을 보며 나의 긴장은 더욱 심해졌다. '내용이 부족하면 어떡하지.', '실망하면 어떡하지.', '아무도 듣지 않으면 어떡하지.' 등 온갖 생각이 떠올랐다. 발표 시간이 되었다. 눈앞이 깜깜하고, 심장 소리가 내 귀에 들릴 만큼 떨렸다. 긴장을 많이 한 것을 알아챈 팀원들이 떨리면 우리 팀을 보고 발표하라고 말해주었다.

발표가 시작되었다. 입이 풀리지 않고 잔뜩 주눅이 들었던 나는 목소리가 작았다. 그때 우리 팀원들을 보았는데, 엄지를 치켜세우고 웃긴 표정을 짓는 등 긴장을 풀어주기 위해 애쓰고 있었다. 그 모습에 나는 웃음이 터지면서 긴장이 조금 풀리기 시작했다. 내 발표 역시 아무도 관심 없을 것이라는 생각이 가장 큰 두려움이었다. 그러나 최소 우리 팀원들은 잘 들을 것이라는 생각을 하니 마음이 진정되면서 발표를 시작했다.

내가 자신감을 찾아가니 듣는 사람들도 발표에 더욱 집중했다. 과장님은 몸을 내 쪽으로 기울여 듣고 계셨고, 다른 분은 메모하며, 또 다른 분은 아이컨택이 자주 되었다. 팀장님은 중간중간 고개를 끄덕이며 집중하고 계셨고, 다른 팀 팀장님은 나와 눈이 마주치면 웃어주셨다. 사람들의 행동을 보니 내가 준비한 내용이 꽤 들을 만하다는 것을 알 수 있었다. 자신감을 얻는 나는 뒤로 갈수록 목소리도 커지고, 제스처도 사용하며 신나게 발표했다. 발표가 끝난 후, 열심히 준비했다며 칭찬을 받았다.

나는 이 경험으로 듣는 사람의 태도가 말하는 사람에게 얼마나 큰 힘이 되는지 절실히 느꼈다. 따라서 나 역시 말을 들을 때 당신의 말에 관심 있고 집중하고 있음을 일부러라도 표현하려고 한다. 메모를 하거나, 고개를 끄덕이고, 가끔 아이컨택을 하는 등 적절한 바디랭귀지를 사용하여 상대방에게 내 메시지를 전달하기 위해 노력한다.

템플 대학교 인류학과 교수 레이 버드위스텔은 "몸은 입으로 하는 말보다 더 많은 것을 이야기해준다."라고 했다. 말은 미리 생각하고, 준비하여 생각을 있는 그대로 전달하지 않을 수도 있다. 체면을 위해, 인간관계를 위해 거짓을 섞을 수도 있다. 그러나 바디랭귀지는 본인이 의식하지 못한 채 나도 모르게 나오는 경우가 많으므로, 더 솔직하고 다양한 내용을 담고 있다.

효과적인 커뮤니케이션 요소인 바디랭귀지를 적절히 사용하자. 대화의 내용을 풍성하게 하고, 감정을 더욱 풍부하게 표현하여, 호감을 주고 호감을 얻는 대화를 하도록 하자.

07

마음 상하지 않게
거절하는 말하기

사회생활을 하다 보면 상대방에게 부탁하기도 하고, 부탁받기도 한다. 부탁받은 경우, 거절과 수락 사이에서 고민하는 경우가 생긴다. 단칼에 '싫어.'라고 말할 수 있으면 좋으련만, 관계 속에 얽혀 있는 우리는 쉽게 거절하기 힘들다. 사람은 타인에게 좋은 이미지로 보여지길 원하기 때문이다. 따라서 타인의 평가와 시선을 신경 쓰지 않을 수 없다.

거절했을 경우, 상대방이 실망하여, 나에 대해 안 좋은 평가를 하고, 이미지가 나빠지는 것이 두렵다. 또한 부탁한 상대방이 나보다 사회적으로 우월한 위치에 있거나, 나에게 영향력을 행사할 수 있는 사람의 경우 역시 거절하기 힘들다. 돌아올 불이익이 두렵기 때문이다.

그렇다고 나의 상황을 고려하지 않고 무조건 수락하는 것은, 상대방의 부탁을 들어주기 위해 인생의 중심이 내가 아니라 상대방이 된다. 이것이 과해지는 경우, 나의 일정이나 중요한 일에 소홀해질 수 있다. 따라서 우리는 상대방의 마음을 최대한 상하지 않고 부드럽게 거절하는 연습을 해야 한다.

예의를 갖추어 거절했음에도 불구하고 말이 통하지 않거나 끝까지 우기는 사람이 있을 수 있다. 인간관계를 구실로 나를 배려하지 않고 이용만 하려는 이기적인 사람으로, 시간과 노력을 쏟을 자격이 없다. 이런 사람은 본모습을 빨리 발견한 것을 감사하게 생각하고 거리를 두는 것이 현명하다.

거절하는 방법을 알아보기 전, 부탁받았을 때 주의해야 할 점을 살펴보자. 바로 부탁에 대한 거부감을 드러내지 않는 것이다. 목소리, 표정에서 짜증, 당황, 불만과 같은 부정적인 메시지를 보여서는 안 된다. 거절하기 전, 이미 내 마음을 보여준 것으로, 부탁을 듣자마자 변하는 당신의 태도에 실망하거나 마음이 많이 상할 수 있다. 따라서 부탁을 들을 때는 최대한 평소와 같은 자연스러운 태도를 유지해야 한다.

자 이제, 상대방의 기분을 상하지 않고 거절하는 방법을 알아보자.

첫 번째, 겸손하게 거절하는 방법

자신의 부족함을 언급하며, 낮추어 말하는 방법으로, 쿠션 언어와 함께 사용하면 시너지 효과를 낼 수 있다. 쿠션 언어란? 딱딱하게 전달될 수 있는 말을 부드럽게 연결해주기 위해 사용하는 언어를 말한다. 쿠션 언어는 상대방에 대한 배려와 존중의 느낌을 전달해주어 대화를 훨씬 부드럽게 만들고 친밀감과 긍정적 반응을 이끌어내는 데 매우 효과적이다. '괜찮으시다면', '죄송하지만', '바쁘시겠지만'과 같은 단어를 처음에 사용함으로써, 자칫 딱딱해질 수 있는 분위기를 유연하게 만들 수 있다.

일 년에 한두 번 보고를 위한 자료 준비로 바쁜 시기가 있다. 이 기간에는 팀 전체가 보고 자료를 만들기 위해 서로 돕는다. 작년 역시 보고 시즌이 왔고, 매일 바쁜 시간을 보냈다. 보고서를 중간 점검하고 업데이트할 내용 추가하는 작업을 반복하기 때문에, 갑자기 업무가 추가되는 일은 비일비재했다.

그날 역시 보완해야 할 내용이 있었고, 시장 조사를 추가로 해야 했다. 대리 A에게 시장 조사를 추가로 해달라고 부탁했다. 돌아온 대답은 "지금 일도 너무 많아서 못 하겠어요."였다. 너무 단호하게 바로 거절하는 모습에 모두 당황스러웠지만, 시간이 촉박하여 더 이상 아무 말 하지 않았다. 할 수 없이 대리 B에게 조사를 부탁했다. 그 또한 업무를 맡고 있었으므로, 단칼에 거절해도 전혀 이상하지 않은 상황이었다. 대리 B는 "저도 도와드리고 싶지만, 지금 다른 업무 마감 시간이 얼마 남지 않아 힘들 것 같은데 어쩌죠? 죄송합니다."라고 답했다. 부탁한 내 기분이 상할까 조심스러워하는 모습이었다.

한번은 과장이 두 대리에게 일을 부탁했다고 한다. 결과적으로 둘 다 거절은 했지만 대리 A만 태도가 좋지 않다고 평가받게 되었다. 대리 A에게 부탁했더니 "저 이거 안 해봐서 잘 몰라요"라고 답했다. 반면, 대리 B는 "저도 하고 싶지만, 이 일을 해본 적이 없어서 서툴러 시간이 오래 걸릴 것 같은데, 다른 일을 맡으면 안 될까요?"라고 답했다.

거절은 언제든 할 수 있다. 그러나 어떤 단어를 사용하여 어떤 태도로 거절하느냐에 따라 그 사람에 대한 인상이 완전히 달라짐을 알 수 있다.

두 번째, 다른 제안을 함께 제시하며 거절하는 '조건부 거절 방법'

바로 안 된다고 거절하고 끝내는 것이 아니라, 현재는 상황이 안 되어 부탁을 들어줄 수 없으니 다른 일정은 어떤지 제안하는 방법이다. 현재 어려운 이유를 함께 설명한다면 상대방은 서운하기보다 오히려 자세히 설명해주는 행동에 배려심을 느끼고 상황을 기꺼이 이해할 것이다. 대신 다시 잡힌 일정은 반드시 지켜 신뢰를 유지해야 한다. 이 방법은 친한 사이이거나 친해지고 싶은 관계처럼 상대방에게 호감이 있는 경우에 적합한 방법이다. 좋아하지 않는 사람과 다시 만날 약속을 잡는 것은 힘든 일이기 때문이다.

또한 상대방이 계속 무리한 부탁을 할 것 같은 경우, '이번까지만'이라는 조건을 확실하게 해둠으로써, 다음 번 거절을 상대방이 기분 나쁘지 않게 받아들일 수 있도록 할 수 있는 효과적인 방법이다.

친한 친구 두 명과 함께, 한 달에 한 번 맛집 방문과 문화생활을 즐기기 위해 만든 모임이 있다. 몇 개월 동안 공연도 보고 여러 가지 경험도 하면서 추억을 쌓았다. 그러나 어느 날부터 친구 중 한 명이 매달 약속이 잡히면 참석하지 못한다고 거절했다. 처음 한두 번은 이유가 있을 것으로 생각했다. 그러나 별다른 설명 없이 이런 일이 반복되면서, 우리와 더 이상 어울리고 싶어 하지 않다고 생각했다. 시간이 갈수록 그 친구를 마주하면 싸운 적은 없지만 마치 싸운 것 같은 서먹함이 느껴지고 거리감도 느껴졌다. 이미 내 마음속에는 '우리가 싫어서 계속 거절하는 사람'이었기 때문이다.

5개월쯤 지났을 때, 친구가 다시 모임에 참여할 수 있다며 모임 날짜를 물었다. 아무 말 없이 계속 거절하던 사람이 갑자기 모임에 참여하겠다고 하니 의아했다.

모임 날이 되었다. 친구는 그동안 모임을 계속 거절하여 미안했다며 말을 꺼냈다. 어머니께서 수술하셨는데, 친구밖에 돌볼 사람이 없어서 시간을 낼 수 없었다고 했다. 간병인을 쓰긴 했지만, 마음이 놓이지 않아 어머니께 매일 찾아가느라 시간적 정신적 여유가 없던 것이다.

친구가 이유를 설명하자, 우리는 그동안 서운했던 감정은 사라졌고, 오히려 고생한 친구를 위로해주었다. 좋은 이야기가 아니기 때문에 우리까지 기분이 안 좋을까 봐 말하지 않았다고 했다. 친구가 어떤 마음에서 말을 하지 않았는지 이해할 수 있었다. 그러나 함께 만든 모임에 오랜 기간 참석하지 못함에도 불구하고, 이유를 설명하지 않은 것은 올바른 판단이 아니었다. 이유를 말하기 싫었다면 '집안 사정으로 5개월 후쯤 참여할 수 있을 거야.' 정도만 말해주었어도 무한정 기다리고 실망하고 오해하는 일은 없었을 것이다.

이 일을 겪은 후 나는 약속을 지키지 못하거나 거절할 때 반드시 이유를 설명하고, 다음에 만날 날짜를 바로 잡는다. 설명도 없고 기약도 없는 거절은 상대방의 부탁을 단칼에 거절한 것과 같은 서운함을 준다. 또한 오해를 만들어 관계가 멀어질 수 있기 때문에 주의해야 한다.

세 번째, 생각할 시간을 가진 후 거절하는 방법

너무 빨리 거절하면, 처음부터 부탁을 들어줄 마음이 없었다는 생각이 들기 때문에 상대의 기분이 상할 수 있다. 따라서 일정을 확인하고, 고민하는 모습을 보여준다. 또한 생각할 수 있는 시간을 가짐으로써 후회하지 않는 판단을 할 수 있다. 다만, 너무 긴 시간은 상대방에게 희망을 줄수 있다. 또한 상대방이 내가 거절했을 때 다른 방안을 찾아야 할 수 있으므로 하루 이틀 정도 시간을 갖는 것이 바람직하다.

거래처와 미팅하는 경우가 많다. 간혹 협업할 생각이 없으면서, 상사가 미팅을 나가라고 압력을 넣는 경우 시간을 보내기 위해 얼굴만 보러 오는 경우가 있다. 이런 경우, 당연히 미팅 준비를 제대로 하지 않으므로, 할 말이 없어 시간만 낭비하는 경우가 대부분이다. 따라서 이런 거래처의 경우 미팅 연락이 오면 단칼에 거절했다.

어느 날 거래처의 대리가 미팅하고 싶다며 연락이 왔다. 이 거래처는 협조적이지 않은 곳으로 과거에도 담당이 미팅하러 온 적도 없고, 함께 일한 적도 없었다. 혹시 앞으로 협업하기로 마음이 바뀌었나 하여 미팅에 왜 오는지 물었더니 "저희 팀장님이 사무실에만 있지 말고 미팅 가라고 해서 연락드렸어요."라고 답했다. 이런 태도의 거래처를 누가 미팅하고 싶겠는가. 나는 일정이 안 된다며 바로 거절하고 전화를 끊었다. 대리는 자존심이 상했는지 다시 전화했다. "미팅 가야 하는데 왜 생각도 안 해보고 거절하세요?"라며 화를 냈다. 이 태도를 보니 더더욱 미팅할 가치가 없다고 확신이 들었고, 바로 거절하고 싶었다. 하지만 흥분한 대리가 또 전화할 것이 분명했기 때문에, 일정을 조율해보고 다시 전화해주기로 했다.

이틀 후, 대리에게 전화하여 "이틀 동안 일정을 아무리 조율해봐도 먼저 잡힌 미팅 중 취소된 곳이 없어서 당장은 힘들 것 같은데 어쩌죠? 죄송합니다."라고 말했다. 대리는 선약된 일정 조율이 안 되면 다음에 다시 방문하겠다며 조용히 마무리되었다.

대리는 거절 자체보다 전화를 받자마자 거절한 행동에 화가 났을 것이다. 상대방을 중요하게 생각하지 않은 나의 마음을 행동으로 바로 드러낸 어리석은 태도였다.

상대의 기분을 상하지 않으면서 잘 거절하는 것은 원활한 인간관계를 위해 매우 중요하다. 거절한다고 나쁜 사람이 되는 것이 아니다. 오히려 거절하지 못해 억지로 부탁을 들어주는 경우, 불편한 감정이 쌓이게 되고, 장기적인 관계로 발전하기 어렵다.

친구와 지인과 오랫동안 좋은 관계를 유지하고 싶은가? 그렇다면 상대방 마음 상하지 않게 거절하는 스킬을 반드시 익히도록 하자.

08

부드럽게 대화
중단하기

대화는 어떤 상황에서 어떻게 사용하느냐에 따라 친목 도모, 정보 전달, 관계 회복 등 다양한 목적을 지닌다. 각 목적에 부합하는 말투, 사용하는 단어, 억양, 제스처를 선택하여 말을 할 때 내 생각이 상대방에게 효과적으로 전달될 수 있다. 그러나 어떤 목적이든 상대방이 내 말에 끝까지 귀 기울여 듣게 하기 위해서는 공통적으로 지켜야 할 태도가 있다. 바로 말의 양을 적절히 조절하는 것이다.

요즘은 말의 홍수의 시대에 살고 있다. 방송, 스마트폰, SNS와 같이 다양한 수단을 통해 내가 원하지 않는 정보와 알고 싶지 않은 자세한 일상생활까지 쉴 새 없이 말이 쏟아지고 있다. 그걸로도 모자라 만나서 다시 이야기하자며 수다가 끊이지 않는다. 가끔 기분 전환을 위해 정말 즐거워서 말을 많이 하는 경우는 괜찮다.

하지만 상대방의 의사와 상관없이 그냥 말하기 좋아하는 사람을 만났을 경우 듣는 사람은 매우 피곤해진다. 이야기가 꼬리에 꼬리를 물고 처음에 시작했던 대화의 주제를 벗어나 어릴 적 이야기부터 몇 년 전의 에피소드까지 끊임없이 이야기한다. 심지어 이런 사람은 '내가 무슨 말을 하다가 이 말까지 하게 됐지?'라며 자기조차 무슨 말을 하는지 모르는 경우도 있다. 숨도 안 쉬고 쏟아내는 말에 듣는 사람은 피곤을 느낀다. 따라서 경청하기는커녕 그 자리에 있는 것이 고역이 된다.

말이 장황해지는 또 다른 경우는, 핵심을 조리 있게 설명하지 못하여 설득에 어려움을 겪는 경우이다. 난관에 부딪히면 설명이 장황해지고 말의 방향성을 잃어버리게 된다. 업무를 위한 미팅의 경우, 일반적인 대화보다 목적이 분명하다. 회의의 논제에 관해 이야기하므로 주제 자체가 삼천포로 빠지는 경우는 많지 않다.

그러나 내 생각보다 상대방의 의지가 확고하여 설득이 어려운 경우, 당황을 하게 되고 말이 많아지기 시작한다. 예전에 있었던 비슷한 사례를 이야기했다가, 심지어 난처한 본인의 입장을 구구절절 설명하며 불쌍한 표정으로 이번 한 번만 본인의 의견을 한 번 따라주면 안 될지 읍소하기도 한다. 이렇게 시작된 말은 상대방이 자기 의견을 따라줄 때까지 하게 된다. 자신의 상황 설명을 하는 사적인 대화와 비즈니스 미팅의 애매모호한 경계에 놓이게 된다.

이렇게 두서없고, 상대방의 의견은 고려하지 않은 채 길어지는 말은 더 이상 정보 전달과 의사소통의 수단이 아니다. 상대의 시간을 빼앗고 육체적, 정신적으로 지치게 만드는 '말 폭력'일 뿐이다. 따라서 이런 상대방을 만났을 경우, 우리는 상대방의 기분을 최대한 상하게 하지 않으면서 부드럽게 말을 중단할 수 있어야 한다.

대화를 시작하기 전 상대방에게 다음 일정이 있음을 미리 말해두자

이 방법은 상대방이 수다쟁이인 것을 이미 알고 있는 경우 대처하는 방법이다. 물론 일정을 미리 알려주었다고 하여, 수다쟁이가 말의 양을 조절하는 것은 아니다. 그러나 미리 '15분 후에 병원에 가야 해.', '30분까지 학원에 가야 해서 10분 정도밖에 시간이 없어.'와 같이 명확한 시간과 이유를 말해주면, 중간에 말을 끊더라도 상대방이 기분 나빠하지 않는다. 오히려 '아, 병원에 간다고 했지?', '벌써 10분이 지났어?'처럼 대화 전들은 일정을 기억하며 자연스럽게 말을 중단하게 된다.

사람을 좋아하여, 수다를 즐기는 A 대리가 있었다. A와 이야기하면 나도 재미있고 시간 가는 줄 몰랐다. 하지만 너무 신나서 이야기하기 때문에 중간에 말을 끊는 것이 미안했다. 또한 사원인 내가 대리의 말을 중단시켰을 때, 나를 버릇없이 보거나 사이가 어색해질까 봐 걱정되기도 했다. 다른 동료가 A의 말을 끊었다가 태도가 안 좋다며 소문난 적이 있어 더욱 조심스러웠다. 한번은 수다를 끊지 못해 거래처 미팅에 5분 늦은 적도 있었다. 따라서 미팅이나 빨리 처리해야 할 업무가 있을 때 A를 마주치지 않길 바랄 뿐이었다. 사원이었던 나는 어떻게 A의 말을 자연스럽게 중단하는지 방법을 몰랐고, 점점 스트레스가 되었다.

어느 날 친한 과장님에게 고민을 털어놓았다. 과장님은 A의 수다에 이미 익숙한 듯 방법을 가르쳐주셨다. A와 대화하기 전 다음에 해야 할 스케줄을 미리 말하라는 것이었다. 아무리 나보다 직급이 높아도, 회사 업무가 우선인 회사원 아니겠는가.

어느 날 A가 나를 보고 반가워하며 수다를 시작하려 했다. 나는 과장님이 가르쳐준 대로 A에게 "팀장님께 보고할 자료가 있어서 10분 후에 가봐야 해요."라고 말했다. A는 수다를 시작했고, 10분이 지났다. 나는 "대리님 죄송한데, 팀장님께 보고할 시간이 되어서 가봐야 해요."라고 말했다. A는 아쉬워했으나, 사전에 양해를 구한 내용이었기 때문에 대화를 기분 나쁘지 않게 중단할 수 있었다.

그 후에도 A뿐 아니라 말이 많은 사람과 대화를 시작할 때, 다음 스케줄을 언급하며, 내가 말을 중단해도 기분 나쁘지 말라는 메시지를 미리 전달하여 자연스럽게 대화를 중단하고 있다.

상대방에게 바쁘다는 바디랭귀지를 적극적으로 보여주자

상대방이 수다쟁이인지 몰랐을 경우, 사용할 수 있다. 다만 이 방법은 상대방이 눈치가 빠른 경우, 효과적인 방법이다. 처음 만난 사이이거나 친하지 않은 경우, 대화를 중단하는 가장 자연스러운 방법은 상대방이 스스로 말을 중단하게 만드는 것이다. 이 경우, 나의 생각을 무의식 중에 표현하는 바디랭귀지를 사용하면 효과적으로 의사를 전달할 수 있다. 특히 시계를 자주 쳐다보는 제스처는 '다음 일정에 늦지 않기 위해 초조해한다.' 또는 '당신의 말이 길어져 시간이 많이 지나고 있다.'라는 의미로, 누구나 쉽게 의미를 예측할 수 있다.

K 팀장님은 이 제스처를 가장 잘 활용하는 분이셨다. 팀 회의 중 다른 의견 있으면 말하라고 하신다. 그럼 우리는 의견과 함께 이유를 간략하게 말씀드린다.

그러나 간혹 조리 있게 설명하지 못하고 횡설수설 논리도 없는 말을 길게 하는 팀원이 있을 때, 팀장님은 직접 말을 끊는 대신, 자꾸 손목시계를 보셨다. 처음 한두 번은 눈치채지 못하지만, 결국 말하는 사람은 팀장님의 제스처를 알아채고, 슬그머니 말을 중단한다.

놀라운 것은 말을 중단한 팀원은 기분 나빠하는 것이 아니라, 오히려 "팀장님 바쁘신데 내가 말이 너무 길었나 봐."라며 죄송해했다.

쉬는 시간을 사용하여 분위기를 환기시키고 대화의 흐름을 끊자

말하는데 심취하여 바디랭귀지를 알아차리지 못하는 경우도 있다. 이런 경우, 말을 적극적으로 중단해야 한다. 다만 상대방이 기분 나쁘지 않도록 '쉬는 시간을 갖자.' 등의 핑계로 이야기의 흐름을 완전히 끊어야 한다. 거래처 미팅의 경우, 거래처 담당이 원하는 결과를 얻지 못할 때, 설득하기 위해 말이 많아진다. 미리 준비한 논리적이고 객관적인 자료는 이미 모두 사용했다.

따라서 상대방의 마음을 반드시 움직여야 한다는 압박감에 횡설수설하거나, 완벽하게 부합하지 않는 내용을 사례로 들기도 한다. 심지어 본인의 의견을 들어주면 안 되겠냐는 부탁하는 말을 하기도 한다. 대부분 의사 결정에 전혀 도움이 되지 않는 비논리적이고 감정적인 말을 하는 경우가 많다.

전화로는 도저히 의견 조율이 되지 않아 거래처 담당과 미팅하게 되었다. 각자 회사에 유리한 의사 결정을 위해 의견 대립이 팽배했다. 한 시간가량 지났을 즈음, 거래처 담당이 내 의견에 설득되었음을 느꼈다. 문제는 이때부터였다. 미팅을 마무리하려는데, 초조해진 거래처 담당은 갑자기 어떤 사례를 이야기하기 시작했다. 왜 이야기하는지 담당자의 마음은 이해되었다. 그러나 지금 미팅에 적절한 사례가 아니었기 때문에 나는 사례에 대해 조목조목 반박했다. 마음이 다급해진 담당자는 두어 번 논리가 부족한 이야기를 하며 나를 설득했고, 나는 근거를 들어가며 그의 의견을 반박했다.

급기야 거래처 담당은 원하는 내용을 협의하지 못하면, 팀장님께 크게 혼난다면서 나에게 양보해줄 수 없는지 황당한 부탁을 했다. 같은 직장인으로서 어떤 마음인지 너무 이해되었다. 그러나 의미 없이 지속되는 말을 들을 수 없기 때문에, 5분 정도 쉬는 시간을 갖자며 겨우 대화의 늪에서 빠져나올 수 있었다. 5분 후 담당도 흥분이 좀 가라앉았는지, 더 이상 이야기를 하지 않았고, 회의를 마칠 수 있었다.

만약 쉬는 시간을 사용하여 자연스럽게 대화를 중단하지 않고, '약속한 미팅 시간이 끝났으니 돌아가세요.'라고 말을 했다면 어땠을까? 흥분 상태인 담당자는 자기 의견을 들어주지 않는다며 언성을 높였거나 서로 감정적인 대립을 하게 되었을 수 있다.

대화를 자연스럽게 중단하기 위해서는 간접적으로 의사를 표현하는 것을 권장한다. 물론 상대방이 막무가내인 경우, 단호한 의사 표현도 필요하다.

그러나 기분 상하지 않게 표현하는 방법이 있음에도 불구하고, 처음부터 단호하게 대화를 끊어버리는 것은 원활한 인간관계와 사회생활을 위해 좋은 방법이라 할 수 없다.

따라서 대화를 잘 중단하기 위해서는, 대화할 때처럼 상대방을 존중하는 마음을 바탕으로 부드러운 말투와 예의 바른 태도가 준비되어야 함을 잊지 말자.

상처 주지 않고 내 편으로 만드는 대화법

CONVERSATION

3장

상대의 진심을
얻는 방법

솔직한 경험담은
마음을 움직인다

비슷한 주제를 이야기하더라도, 상반되는 느낌을 받게 되는 경우가 종종 있다. 어떤 사람과의 대화는 왠지 이야기가 겉도는 느낌이 든다. 미세한 거리감이 느껴지고, 시간이 아깝다는 생각이 든다. 반면 더 이야기해 보고 싶고, 친근감을 주는 사람도 있다. 오래 알고 지낸 것처럼 벽이 없는 느낌을 받는다. 이 둘의 차이점은 무엇일까?

전자는 이미지 관리를 위해서든, 성격 탓이든 대화할 때, 자신의 이야기나 감정을 솔직하게 표현하지 않는다. 반면, 후자는 대화와 관련된 주제에 걸맞은 자신의 경험담을 진솔하게 얘기한다. 또한, 그것을 통해 느낀 점을 가감 없이 공유한다. 비록 그것이 숨기고 싶고 부끄러운 과거일지라도 말이다.

요즘 자기계발, 성공, 부자가 되는 방법에 대한 콘텐츠가 인기다. 나 역시 수많은 관련 강의를 들었다. 강의는 당연히 도움이 되는 내용으로 일목요연하게 잘 짜여 있다. 그러나 동시에 '저 사람이니까 가능하지 않았을까?'라는 생각이 함께 들게 했다. '공대 출신에 전 직장이 개발 쪽이었구나. 그러니까 저렇게 개발하고 사업을 키울 수 있었지.', 또는 '금융맨이었으니까 기본기가 잘 갖추어져 있었을 테니 저렇게 성공할 수 있었구나.'라고 말이다.

우리가 강의를 듣는 이유는 무엇인가? 강의자로부터 인사이트를 얻고, 방법적인 측면뿐만 아니라 동기 부여를 받기 위함이 아닌가? 그러나 이런 강의들은 나에게 강한 동기 부여를 해주지 못했다. 때로는 더 의기소침해지기도 했다. 왜냐하면, 그들은 나보다 상황이나 조건이 나은 상태에서 시작한 것처럼 보였기 때문이다. 그 어떤 강의자도 과거에 본인이 어떠했는지 적나라하게 말하는 사람은 거의 없었다.

자신의 힘들었던 과거를 솔직하게 말함으로써 공감을 얻은 사례

성공하기 전 자신의 초라한 모습을 사람들에게 말하고 싶은 사람이 몇

이나 되겠는가. 그러나 〈한책협〉의 김태광 대표님은 달랐다. 매번 강의 때마다, 찢어지게 가난했던 과거의 이야기를 해주신다. 바퀴벌레가 나오는 고시원에 살았던 것, 돈이 없어서 라면으로 끼니를 때우셨던 것, 아버지가 돌아가시면서 빚까지 떠안게 되신 것 등 힘들었던 과거를 수시로 말씀해주신다. 이런 이야기들을 들으면, 어떤 명언으로 동기 부여 해주는 것보다 천배 만배 가슴 울림이 있다.

대표님의 상황은 지금의 나보다 비교할 수 없을 만큼 어려운 상황이었다. 그러나 책 쓰기를 통해, 마인드 정립을 통해 이 자리까지 오게 된 것이다. 코칭하실 때, 투박하고 직설적이어서 처음엔 거부감이 있었다. 그러나 과거의 이야기를 듣고 난 후 진심이 느껴졌다. 살고 싶지 않을 만큼 힘든 시기를 겪으셨기 때문에, 우리가 언제 마음이 약해지고, 어디서 흔들리는지 아신다. 또한, 어떤 말에 무너지고 일어나는지 잘 알고 계신다. 따라서 안타깝고 빨리 성공했으면 하는 마음으로 하시는 말씀이라는 것을 이제는 잘 알고 있다.

이렇게 바닥부터 꼭대기까지 고군분투하며 올라오신 분이 가르쳐주시기 때문에, 아무리 힘들지라도 믿고 따르게 된다.

단순히 책 쓰는 법만 가르쳤으면, 나는 벌써 포기했을 것이다. 회사에 다니면서 잠자는 시간을 줄여 쫓아가고 있는 만큼 힘들어서 이미 책 쓰기는 흐지부지되었을 것이다. 그러나 대표님이 해준, 힘들었던 과거의 진솔한 이야기가 나의 마음을 움직였다. 진정한 동기 부여가 된 것이다. 결국, 이렇게 책을 출간하고, 다른 분야에도 가르침에 따라 꾸준히 도전하고 있다.

솔직한 경험담으로 사춘기 딸의 마음을 움직인 사례

솔직한 경험담은 반항심으로 가득 찬 사춘기 딸도 하루아침에 바꿀 수 있다. 아직도 가끔 생각나는 친구 어머니가 계신다. 친구 A는 학교생활을 착실하게 하던 친구였다. 성적도 반에서 10등 안쪽을 유지하며 무난하게 지내고 있었다. 그러나 고2 여름방학이 될 무렵부터 친구가 공부를 소홀히 하기 시작했다. 함께 학원엘 다녔는데, 친구가 학원을 빼먹는 빈도가 잦아졌다. 아침에 내 것을 보고 급하게 숙제를 하는가 하면, 수업 시간에 엎드려 자기도 했다.

한번은 친구 집에 놀러 간 적이 있는데, 친구가 엄마에게 하는 말과 행동이 너무 날카로워서 민망할 정도였다. 몇 년 동안 이런 적이 한 번도 없었던 친구였기 때문에, 걱정된 나는 무슨 일이 있는지 조심스럽게 물어보았다. 조용하고 차분했던 이 친구는 입시 스트레스와 압박감을 반항심으로 분출했던 것이다. 특히, 얼굴만 보면 하루에도 수십 번씩 좋은 대학에 가야 한다고 말하는 엄마가 끔찍하게 싫다고 했다. 좋은 대학을 나오지 않은 엄마가 그런 말을 할 자격이 있냐고 했다. 속을 털어놓다가 친구는 감정이 격해졌는지, 거실에 계시던 엄마에게 가서 따지기 시작했다. 내가 놀랐던 것은, 친구 어머니의 태도였다. 어머니는 차분하게 스트레스로 가득한 친구를 안쓰럽게 바라보셨다. 억지로 화를 참거나 누르는 것이 아니었다. 그러고는 흥분한 친구의 손을 잡더니 다음과 같은 이야기를 해주셨다.

어머니는 20대 초반에, 한 회사에 취직하셨다. 일머리가 있고 말을 잘하는 어머니를 예쁘게 보셨던 사장님이, 몇 년 후 신입 교육의 일부를 어머니께 맡기셨다고 한다. 상대방을 가르치고, 말하는 것이 천직이셨는지 너무 재미있고 실력은 갈수록 늘었다고 한다.

그렇게 회사에서 크고 작은 강의를 3년 정도 하게 되었고, 어머니는 다른 곳에서도 강의하고 싶으셨다고 한다. 그러나 번번이 같은 이유로 미끄러졌다고 한다. "경력은 괜찮은데 여상을 나오셔서 사람들이 안 좋아해요."라고 말이다.

실력만 있으면 된다고 생각했던 순수한 20대 아가씨는 너무 큰 상처를 받았다. 지금까지 열심히 살아온 삶이 모두 부정당하는 것 같았다. 또한, 그때부터 학벌에 한이 맺혔다고 했다. 당장 대학교에 갈 여건이 되지 않으니, 더 이상 미래에 대한 희망마저 없어졌다. 나이가 들어서도 거절당하는 장면이 꿈에 나올 만큼 학벌에 대한 한이 없어지질 않았다. 그래서 결국 방통대를 졸업하셨다.

친구 어머니는, 친구가 하고 싶은 일이 생겼을 때, 본인처럼 학벌에 발목이 잡혀 꿈을 접는 일이 없었으면 하는 마음에 그렇게 좋은 대학을 강조하신 것이다. 엄마의 이야기를 들은 친구는 20대 때의 엄마가 너무 안되어서, 자신의 행동이 너무 죄송해서 한참 동안 울었다. 그날 이후, 친구는 내가 알던 원래의 모습으로 돌아왔다.

때로는 강한 꾸지람보다 솔직한 경험담으로 공감을 끌어내는 것이 상대방의 태도를 쉽게 변화시킬 수 있다는 것을 알게 해준 사례다.

자신의 상처를 솔직하게 보여주고 고객의 마음을 움직인 사례

솔직한 경험담을 바탕으로 한 상담은 고객의 마음을 움직일 수 있다. 몇 년 전 코 오른쪽 옆에 화상을 입어 살이 깊게 파였다. 제대로 관리하지 않으면 큰 흉터가 생길 상황이었다. 얼굴이라 굉장히 신경이 쓰였던 나는 유명하다는 성형외과, 피부과 열한 곳에서 상담을 받았다. 그러나 딱히 마음이 끌리는 곳이 없었다.

상담 실장들은 하나같이 똑같은 태도였다. '상담은 내 직업일 뿐이에요.'라는 메시지가 곳곳에서 느껴질 만큼, 공감이 가지 않았다. 자기 병원의 새로운 레이저 기계, 새로운 흉터 시술을 어떻게든 받게 하기 위한 노력이 대단했다. 의사 선생님의 상담은 좀 나았지만, 결정을 못 했던 것을 보면 비슷했던 것 같다.

그러던 중 지인이 다니는 병원에서 상담을 받게 되었다. 상담 실장은 내가 왜 이렇게 화상을 입게 되었는지 차분히 이야기를 들어주었다. 그리고 얼굴인데 너무 속상하시겠다면서 나의 상황에 공감해주었다. 이미 열한 곳의 병원 상담을 받으며 마음을 굳게 닫아버렸기 때문에, 이 실장의 공감이 처음엔 가식처럼 느껴졌다. 화상 흉터에 대해 너무 잘 이해한다는 태도를 보이니까 거부감이 살짝 들기도 했다.

그때 실장이 자신의 블라우스를 내리더니 왼쪽 어깨의 흉터를 보여주었다. 상담 실장도 몇 년 전 어깨에 화상을 입었는데, 딱 맞는 병원을 찾지 못해 흉터가 진해졌다는 것이었다. 그러다가 이 병원에 와서 늦게나마 치료를 받았고, 훨씬 상태가 좋아졌다며 병원 기록 사진을 보여주었다. 치료 시기가 지났음에도 흉터가 50% 이상 개선된 것을 눈으로 확인할 수 있었다. 더 이상 고민할 필요가 없었다. 나는 이 병원에서 화상 치료를 1년 가까이 받았고, 결과는 대만족이다. 화장하지 않아도 화상 자국이 전혀 보이지 않는다.

어쩌면 상담 실장은 본인의 실적을 위해 자신의 흉터를 아무렇지도 않게 보여주었을지도 모른다. 그러나 궁극적인 목적이 무엇이었든, 실장의 리얼한 경험담은 나의 마음을 움직였고, 이 병원을 선택하게 만들었다.

상대방의 진심을 얻고 마음을 움직이려면 솔직하고 진심이 묻어나는 대화를 해야 한다. 아나운서와 같이 정확한 발음으로 술술 막힘없이 말하지 않아도 된다. 화려한 미사여구나 인용 문구가 없어도 괜찮다. 오직 경험으로부터 나오는 이야기만이 상대방의 깊은 내면을 울리고 어루만질 수 있기 때문이다.

이제부터는 상대방이 함께 공감할 수 있는 나의 이야기를 해보자. 보잘것없다고 생각했던 나의 이야기가 최고의 대화 내용일 뿐더러 무엇보다 강한 설득력이 있음을 기억하자.

02

안정된 목소리는
최면과 같다

사람을 처음 만나면 먼저 외모와 옷차림이 눈에 들어온다. 그러므로 첫 3초의 인상이 상대에 대한 호감도를 결정한다고 앞에서 언급했다. 그 다음 상대방과 인사하며 목소리를 듣는다. 외모와 어울리는 목소리, 이미지와 너무 달라 깜짝 놀라게 만드는 목소리, 높은 톤, 낮은 톤, 편안한 톤, 빠른 톤 등 목소리를 통해 '이 사람은 이럴 것이다.'라고 추측하게 된다. 즉 본격적인 대화 전, 내 인상이 목소리에 의해 또 한 번 결정되는 것이다.

UCLA 심리학과 명예교수 앨버트 메라비언의 저서 『Silent Messages』

에 소개된 '메라비언의 법칙'이 있다. 한 사람이 상대방으로부터 받는 이미지는 시각 55%, 청각 38%, 언어 7%의 영향을 받는다는 이론이다. 즉, 표정, 자세, 복장, 제스처와 같이 외적인 부분에 의한 영향이 55%, 음색, 억양 등 목소리에 의한 영향이 38%, 대화 내용에 의한 영향은 7%라고 한다.

이론으로 알지 못해도, 우리는 이미 목소리의 중요성을 알고 실천하고 있다. 당신은 평소에 말하다가 전화를 받는 경우, 목소리톤이 달라지지 않는가? 또한 동료들과 대화할 때와 상사와 대화할 때 억양과 음색이 달라지지 않는가? 심지어 친구와 이야기할 때와 이성친구와 이야기할 때 목소리와 말투가 완전히 달라지기도 한다. 이렇게 우리는 본능적으로 목소리의 효과를 알고 있다.

같은 내용이라도 전달하는 도구가 좋지 않으면, 효과적으로 전달되지 않을 뿐 아니라 때로는 상대방이 내 이야기를 듣고 싶지 않을 수 있다. 진중하고 적당한 높낮이의 목소리를 가진 사람이 말을 하면, 왠지 이 사람은 일을 잘할 것 같고, 내용도 잘 준비되어 있을 것 같은 느낌을 받지 않는가.

반면, 목소리가 작고, 웅얼거려 잘 들리지 않는 경우, 자신감이 없고, 준비가 부족한 느낌을 받게 된다. 이렇게 목소리는 상대방이 나에 대해 호감과 비호감을 결정하는 중요한 요소이다.

작고 힘없는 목소리로 미팅 진행이 힘들었던 사례

작년 거래처 미팅을 줌 회의로 대체한 적이 있다. 보통 전화로 간단히 하지만, 이번 경우에는 프로모션, 상품 기획 등 중요한 안건이 많아 얼굴을 보며 하는 것이 낫다고 판단했다. 줌 회의를 잡은 또 다른 이유는, 이 담당자와 통화를 하면 소리가 잘 들리지 않았다. "네? 다시 말씀해주시겠어요? 잘 못들어서요." 이 말을 몇 번이고 반복하였다. 나는 전화 상태의 문제라고 생각했다. 그래서 줌 회의를 잡은 것이다.

회의에 참석하였다. 인사를 하는데 소리가 멀리서 들리는 것처럼 작았다. 그래서 볼륨을 10단계 높인 후, 내가 먼저 안건에 대한 의견과 계획을 이야기했다. 그 후 거래처 담당에게 여러 가지 질문을 하였는데, 문제는 지금부터였다.

첫 번째 질문에 대해 대답을 하는데 무슨 말인지 잘 들리지 않았다. 나는 담당에게 소리가 잘 들리지 않으니 마이크를 가까이 대고 크게 말해달라고 요청했다. 이어폰 마이크가 없었던 담당은 노트북에 몸을 좀 더 가까이 대고 말을 했다. 조금 전보다는 잘 들렸지만, 중간중간 무슨 단어인지, 어떤 내용을 말하는지 여전히 끊겨 들렸다. 그럼 나는 전화 통화했을 때처럼 "네? 다시 말씀해주시겠어요? 잘 안들려요."라고 말했다. 처음엔 인터넷 연결이 불안정하다고 생각했다. 이 상황은 회의 동안 계속 되었다. 나는 답답함이 커졌고 슬슬 짜증이 올라오기 시작했다. 중요한 회의라는 것을 알면서도 인터넷 연결을 미리 체크하지 않은 준비 자세에 대해 화가 난 것이다.

30분가량은 잘 들리지 않는 부분 내용을 추측하여 들었다. 그러나 내용을 계속 예측하여 들을 수는 없지 않은가. 참다못한 나는 담당에게 "회의할 수 있는 다른 장소로 옮길 수 있으세요?"라고 물었다. 당황한 담당은 왜 그러시냐고 되물었다. 이 말소리는 아주 잘 들렸다. 담당이 놀라서 크게 말했기 때문이다.

그제서야 나는 말소리가 작은 것이 인터넷 연결의 문제가 아니라는 것을 알았다. 또한 전화 통화 소리가 작았던 것 역시 전화 상태가 문제가 아니었음을 알게 되었다. 담당에게 조금 전에 왜 그러시냐고 물었을 때만큼 크게 말해달라고 했다. 첫 두 문장은 크게 말하는 듯하더니 다시 원래의 기어들어 가는 목소리가 나왔다. 그럼 나는 다시 말해달라고 요청했고, 첫 한두 문장은 크게 말하다가 또 기어들어 가는 목소리가 나오고, 반복이었다.

내용에 집중해야 하는데, 목소리 크기에 신경을 써야 하는 상황이 화가 났고 점점 지쳐갔다. 회의의 흐름이 끊기기 때문에 들리지 않는 내용을 몇 번이고 반복하여 물을 수도 없었다. 그렇다고 잘 들리지 않은 단어의 뉘앙스를 놓쳐 상대가 원하는 것을 명확하게 파악하지 못하는 것도 올바른 회의 참석의 자세가 아니었다. 또한 담당의 이런 태도는 회의 내용 또한 철저하게 준비되지 않았을 것이라고 생각하게 만들었다. 이렇게 회의 내용의 30%는 추측으로 마무리되었다. 이 상태로 상품 기획을 할 수 없었다. 그리고 이 담당과 더 이상 일할 수 없다고 판단하여 담당의 상사에게 지금까지의 상황을 이야기했다.

내 말을 들은 상사는 처음 있는 일이 아니라는 듯 한숨을 쉬었다. 상사와 회의를 할 때도 목소리가 너무 작고 자신감이 없다고 한다. 처음에는 수줍음이 많고 기가 죽어 그런 줄 알고 더 많이 칭찬하고 기를 살려주기 위해 노력했다.

그러나 개선되지 않았다. 이 사람의 말하는 습관이었던 것이다. 개인적인 통화도 속삭이듯이 작게 한다고 한다. 거래처와 회의도 이렇게 할 줄은 몰랐다며, 결국 같은 안건으로 나와 상사는 다시 회의한 후 일을 진행할 수 있었다.

목소리가 작은 경우, 처음 몇 번은 상대방이 귀 기울여 듣기 위해 노력한다. 그러나 반복되는 경우, 듣는 사람은 피로가 쌓이고, 잘 듣지 않게 된다. 간혹 목소리가 작은 사람들은 본인이 차분하고 조용한 성격이라서 그렇다고 생각한다. 목소리가 작은 것과 차분한 것을 혼돈하지 말자. 상대방에게 좋지 않은 인상을 주는 목소리라면, 나의 성격적 특성을 떠나 개선하기 위해 노력해야 한다. 일단 상대방이 내 말을 들어야, 설득이든 회유이든 마음을 움직일 것이 아닌가.

목소리가 너무 커 거부감을 준 사례

목소리가 정말 큰 친구가 있다. 이 친구와 지하철을 타면 어김없이 우리는 "야, 목소리 낮춰, 조용히 해."라고 말한다. 우리의 대화 내용을 지하철의 모든 승객과 공유하는 기분이다. 친구는 회사에서 많이 듣는 말이 "김 차장, 목소리 좀 작게 해. 회의에 싸우러 왔어?"라는 것이다. 그럼 이 친구는 "조용해서 소심해 보이는 것보다 좀 시끄러워도 적극적이고 활달한 게 낫지 않아?"라고 말한다.

그래. 굳이 둘 중 하나를 선택해야 한다면, 사회에서 내 의견을 피력하기 위해서는 소심한 것보다 적극적인 것이 낫다고 생각한다. 그렇지만, 이 친구처럼 적극적이고 활발한 것을 큰 목소리와 결부시키는 것은 잘못된 생각이다. 지나치게 큰 목소리를 합리화하는 것일 뿐이다. 상대방에게 피해를 주는 것이라면, 수용하고 고쳐야 한다. 진취적이고 활달한 사람의 특징과 장점을 제대로 이해하자. 그 후, 큰 목소리 대신 어떤 태도가 나를 그러한 사람으로 보일 수 있게 하는지 적용하고 연습하는 노력이 필요하다.

매력적인 목소리로 좋은 인상을 갖게 되었던 사례

몇 년 전 회사 화장실에 있는데, 밖에서 누군가 대화하는 소리가 들렸다. 우연히 듣게 된 그 목소리가 그렇게 기분이 좋고 매력 있었다. 목소리를 다시 들어보고 싶다고 처음 느꼈기 때문에 누군지 궁금했다. 그렇게 몇 달이 지난 후, 목소리 주인공이 나의 팀장님이 되셨다. 중간톤의 차분한 목소리이면서도, 말 끝에 억양을 아주 살짝 높인다. 발음이 정확하면서도 정감을 주어 듣기만 해도 기분이 좋아진다.

회의 때 안 좋은 이야기를 하셔도, 기분이 나쁘다기보다, 그럴 만한 상황이겠지 하고 이해가 되었다. 다른 팀원들도 신기하게 팀장님이 말씀하시면 기분이 나쁘지 않다고 했다. 물론 점잖지만 친근한 말투도 영향을 미쳤을 것이다. 하지만, 말에 최종적으로 생명을 불어넣는 것은 목소리로 상대방에게 신뢰감과 설득력을 높여주는 가장 중요한 요소이다.

대화할 때 목소리는 왜 중요할까? 대화는 글자와 다르게 말하는 사람의 감정이 녹아 있다. 예를 들어, 행복하다는 글자만 보면, 얼마나 행복한지 내 기준으로 상상할 뿐이다. 그러나 말하는 사람의 목소리를 통해 행복하다는 말을 들으면, 얼마나 행복한지 느낄 수 있고, 쉽게 공감할 수 있다. 그만큼 목소리는 나의 감정을 전달하고, 상대방에게 호감, 신뢰감을 얻을 수 있는 중요한 요소이다. 안정된 목소리는 당신을 더욱 괜찮은 사람, 한 번 더 만나고 싶은 사람으로 느끼게 만드는 최면과 같은 역할을 한다는 것을 기억하자.

상대가 원하는 것은
해결책이 아니라 공감이다

고민이 가득한 상대방의 마음의 무게를 가장 빨리 덜어내어 주는 방법은 무엇일까? 바로 공감이다. 사람은 어려운 상황과 그 상황으로부터 느끼는 심리적 고통 두 가지를 통해 힘듦을 느낀다. 이 중 공감은 심리적 고통을 조금이나마 가볍게 만들어줄 수 있는 치료제와 같은 역할을 한다. 왜냐하면 공감은 해결보다는 '나는 네 편'이라는 마음을 전달하고, 인식시키기 때문이다.

어떤 사람과 대화하면, 나에게 딱히 안 좋은 말을 한 것도 아닌데 이상하게 기분이 좋지 않거나 찝찝한 경우가 있다. 상대가 진심으로 공감하지 않았음을 본능적으로 느낀 것이다. 과연 저 사람이 내 편인지 아닌지 판단이 모호하기 때문에, 상대방에 대한 기분도 애매모호하다. 그만큼 상대방의 마음을 얻기 위해서는 공감이 중요하다.

참된 공감이란 귀로 잘 듣는 행위만 말하는 것이 아니다. 상대방에 대한 존중과 열린 마음을 바탕으로 한 일련의 행위가 수반되어야 한다. 먼저, 상대방의 이야기를 판단이나 분석 없이 있는 그대로 끝까지 듣는다. 이때 나의 경험과 비슷하거나, 어떤 일인지 추측이 된다고 하여 말을 끊지 말자. 열리던 상대의 마음을 다시 닫히게 만들 수 있다.

그다음, 이야기를 통해 느낀 감정을 언급한다. '진짜 기분 나빴겠다.', '정말 힘들었겠다.'처럼 나 역시 너와 같은 마음이라는 것을 상대에게 전달한다. 그럼 상대방은 내가 자기와 같은 편이라고 생각하게 된다. 다만, 여기서 주의할 점은, 상대방에게 더 많이 도움이 되고 싶어, 머리가 개입되는 것이다. '공감=감정'인데, 판단, 분석, 해결책 제시가 시작되는 순간, 상대방은 동지에서 훈계하는 사람으로 바뀐 나에게 마음을 닫는다.

마지막으로, 나는 항상 너의 곁에 든든하게 있음을 알린다. '내가 도울 일 있으면 언제든 이야기해.'라고 말함으로써 '우리는 같은 편'임을 다시 한 번 강조한다. 이런 제대로 된 공감을 받은 상대방은 어떻겠는가. 이미 한 걸음 나에게 다가와 있다.

상처 주지 않고 내 편으로 만드는 대화법

잘 듣는 것이 가장 큰 위로라는 것을 깨닫게 해준 회사 선배

진실한 공감을 받은 후, 지금도 내가 심적으로 의지하는 사람, 그 사람이 힘들 땐 어떤 일도 도울 수 있을 만큼 내가 가장 좋아하는 사람 중 한 사람이 된 선배 동료의 이야기이다. 회사의 인간관계는 기본적으로 일하기 위해 만난 사이이다. 따라서 사이좋게 일할 수 있는 딱 그만큼 친한 경우가 많다. 그래서 깔끔하다. 반면, 힘든 일이 있을 때 편하게 속마음을 이야기할 수 있는 곳이 없어 마음이 외로울 때도 있다.

힘들 땐 오랜 친구나 가족에게 털어놓는다. 하지만 내가 왜 속상했는지, 왜 이 상황을 부당하게 생각하는지 이해시키기 위해서는 업무와 여러 인간관계에 대한 수많은 배경 설명이 필요하기 때문에 귀찮은 경우가 많다. 따라서 회사에서 힘든 일은 점점 혼자 삭히게 된다. 그러나 혼자 감당하기 힘든 경우가 있다. 이럴 때 회사에 마음을 기댈 수 있는 든든한 동료가 있다는 것은 정말 큰 복이다.

나에게는 회사 동료를 넘어 어떤 힘든 일도 가감 없이 말할 수 있는 회사 선배가 있다. 첫인상은 무뚝뚝하고 차가워 보였다. 약간의 수줍음도 있어서 목소리가 크다거나 액션이 화려하지 않다. 따라서 나랑 이야기하기 싫은가 하는 생각이 들 때도 있었다. 이 일을 겪기 전까지는 단지 일을 잘하고, 잘 가르쳐주시는 성실한 선배님일 뿐이었다.

몇 년 전 팀원 괴롭히기로 유명한 팀장님의 팀원이 되었다. 역시나 소문대로였다. 이분은 본인은 항상 잘못한 것이 없는 분이었다. 스스로 팀원들에게 잘한다고 생각했다. 따라서 모든 잘못은 팀원 너 때문에 네가 똑똑하지 않기 때문이라는 태도가 몸에 배어 있었다. 또한 특정한 한 명을 찍어 괴롭히기도 했다. 그 팀에 들어간 지 1년이 넘어가니 몸도 마음도 점점 피폐해져갔다. 마음은 가스라이팅 되어 있었고, 몸은 스트레스로 여기저기 아팠다.

처음 친구와 가족에게 이야기했을 때 아직도 그런 사람이 있냐며 쉽게 믿지 못했다. 회사에서는 이미 악명 높은 사람인데, 내 말을 믿지 않는 것 같아 속상했다. 또한 팀을 옮기거나 인사팀에 말해보라며 나름 해결책을 제시했다. 나라고 그런 생각을 안 해봤겠는가. 당장 할 수 있는 상황이 아니니까 답답한 것 아니겠는가.

다음에는 동일한 팀장님을 겪은 동료에게 힘든 마음을 이야기했다. 그들은 다행히 나의 마음을 공감해주었다. 하지만, 본인이 겪은 것과 비슷한 상황이 나오면, 자기 경험담을 이야기하느라 바빴다. 각자 상황이 다르고 느끼는 고통의 강도가 다르기 때문에 같은 사람을 겪었다는 것 외에 공감은 없었다. 이들 역시 해결책을 제시하였으나, 말하는 그들조차 이 해결책이 무의미하다는 것을 알고 있었다. 그랬으니 본인들도 벗어나지 못하고 괴로워했던 것이니까. 나는 말을 할수록 답답함만 더해져 혼자 속을 끓이며 하루하루 버티게 되었다.

그러던 어느 날 선배 동료와 밥을 먹게 되었다. 스트레스로 밥을 잘 먹지 못하는 나를 보고 무슨 일 있냐고 물었다. 다른 사람들과 반응이 크게 다르지 않을 것으로 생각했지만, 혼자 견디는 것이 너무 힘들어 모든 이야기를 하게 되었다.

그러나 선배는 어떻게 해보라는 말은 전혀 하지 않았다. 대신 식사를 중단하고 내 이야기를 끝까지 경청해주었다. '힘들었겠네.', '속상했겠다.'라고 과하지 않지만, 목소리와 표정을 통해 깊이 공감해주었다. 나는 엄청 많이 울었다. 처음으로 내가 겪고 있는 아픔을 누군가 알아준다는 느낌을 받았기 때문이다. 상황은 달라진 것이 없었지만, 전보다 버틸 힘이 생기게 되었다.

이 일을 겪은 후, 다른 동료나 친구가 힘들다고 이야기를 하면 나는 하던 것을 멈추고 진심을 다해 듣기 위해 노력한다. 그리고 너의 마음에 공감한다는 것을 보여주기 위해 최선을 다한다. 예전에는 공감과 더불어 어떻게든 도움을 주고 싶다는 생각에 나름 열심히 머리를 굴려 획기적인 해법인 것처럼 여러 방법을 제시하였다. 그러나 나만의 큰 착각이었다. 처음부터 상대방이 방법을 같이 고민해보자고 말하지 않은 이상, 그들에게 가장 필요한 것은 힘든 마음을 잠시 기댈 수 있는 안식처와 아픈 상처에 바를 수 있는 약이라는 것을 기억하자.

공감의 태도로 보험왕까지 된 보험설계사

암보험을 들기 위해, 몇 군데 보험설계사를 만나 상담했다. 부모님이 모두 암이서서 암보험이 필요하다는 생각이 들었다는 말과 함께 상담이 시작된다. 기계적으로 막힘없이 설명을 술술 하는데, 얼마나 많은 고객을 만났을지 짐작되었다. 모두가 똑같이, 몇 가지 상품을 설명한 후, 감정 없는 말투와 형식적인 예의를 차려 궁금한 점이 없는지 묻는다. 마치 '내가 정말 길게 자세히 설명했는데 이래도 궁금한 점이 있어요?'라고 묻는 것 같았다. 반면 어떤 보험설계사는 억양과 말투가 너무 과하게 친절하여 이 또한 진심이 전혀 느껴지지 않았다.

또한 하나같이 자기 회사의 보험 상품이 좋다는 이야기만 했다. 그리고 어떤 상품을 원하는지 빨리 결정하길 바라는 분위기를 계속 뿜어냈다. 너무 상업적인 모습에 거부감이 들었다. 나는 암보험이 필요한 사람이고 그들은 보험을 팔러온 사람이니 설명하고, 질문하고, 선택하고, 빨리빨리 진행되는 것은 어찌 보면 당연한 일이다. 내 회사 상품이 좋다고 어필하는 것도 당연하다. 결국 나는 마음에 드는 곳이 없어 선택하지 않았다.

상담받으면서 무슨 진심을 찾느냐고 말하는 분도 계실 것이다. 하지만 나는 보험 상품은 어디든 비슷하다고 생각하기 때문에, 나와 계속 연락하며 관리해줄 보험설계사와 마음이 통하는 것이 중요하다. 이 또한 사람 간의 일이기 때문이다.

그렇게 몇 달 후, 지인에게 보험설계사를 소개받았다. 보험왕이라고 했다. 이분은 전에 만났던 보험설계사들과 달랐다. 전에 만난 분들은 우리 부모님이 암이셨다는 말을 들어도, "아, 그러셨군요."라고 짧게 답을 한 후, 보험 설명으로 넘어가기 바빴다. 그러나 이분은 우리 부모님 암 이야기부터 이분의 부모님 지병 이야기, 다니시는 병원, 간병인 이야기까지 암으로 시작하여 어르신들의 지병과 관련된 여러 가지 에피소드를 나와 함께 수다를 떨었다. 본인의 경험담을 함께 말하니 공감되어 이야기가 잘 이어졌다. 오히려 이분은 언제 보험 설명을 하실려나 궁금할 정도로 여유롭게 대화 삼매경이었다.

상품 설명을 할 때도 자동응답기 같은 답변이 아니라 어떤 질문에도 정성스럽게 설명해주었다. 심지어, 다른 보험회사 상품과 비교하여 단점도 함께 가르쳐주었다. 나는 이분이라면, 보험에 무슨 문제가 생기거나 궁금한 점이 생겼을 때 편하게 소통할 수 있을 것이라는 생각이 들었고, 보험을 들게 되었다.

괜히 보험왕이 아니었다. 보험 설명에 90% 이상을 할애하는 다른 보험

설계사들과 달리 이분은 고객과의 공감과 소통에 90%의 시간을 할애하였다. 먼저 내 부모님의 암 이야기를 다 듣고 공감해주었다. 그 다음 이분의 부모님 병간호와 같이 나와 비슷한 경험을 이야기함으로써 나의 마음을 잘 이해할 수 있는 사람임을 강조했다. 그 후, 보험을 설명할 때도 장단점을 확실하게 이야기해줌으로써 '이 보험설계사에게 맡기면 나를 위해 꼼꼼하게 잘해주겠구나.'라는 믿음을 주었다. 어차피 나는 암보험이 필요해서 만난 사람이므로, 어떤 암보험이든 내가 원하는 조건에 맞추어 암보험을 설계해주는 것이 해결책인 것이다.

따라서 굳이 나에게 보험 상품 설명을 길게 하는 것보다 나의 마음을 열기 위해 공감에 더 투자한 것이다. 영업 스킬임을 알면서도 이분을 선택하게 된 경험, 역시 공감은 마음을 움직이는 강력한 힘이라는 것을 다시 한 번 느낄 수 있었다.

대화의 중요한 목적 중 하나는 상대방의 진심을 얻고 내 편으로 만드는 것이다. 이를 위해서는 상대방 말을 끝까지 잘 들어주고, 올바른 자세로 공감하는 것이 필수이다.

자꾸 마음보다 머리가 먼저 움직이려 하는가? 그럴 땐 스스로에게 이런 질문을 던져보자. 상대방의 문제를 해결해줄 만큼 상대방과 동일한 조건과 환경에서 똑같은 일을 겪어보았는가? 아니면 더 힘든 상황을 극복한 경험이 있는가? 당사자가 아닌 이상 우리는 상황을 100% 이해할 수도 없고, 알 수도 없다. 따라서 내가 제시하는 해결 방법은 나만의 만족일 수 있다는 사실을 알아야 한다.

04

상대방의 제스처를
따라 해라

상대방에게 공감을 얻는 방법에는 크게 두 가지가 있다. 정신적인 교감을 하여 신뢰감을 형성하는 방법과 상대의 행동을 통해 나타나는 표현을 따라 함으로써 공감하는 방법이다. 이 장에서는 행동의 표현, 즉 제스처를 통해 공감과 진심을 얻는 방법을 살펴볼 것이다.

미러링(Mirroring)이란 공감대를 이끌어내는 커뮤니케이션 기법이다. 상대방의 언어나 행동을 거울에 비친 것처럼 따라함으로써, 의도적으로 감정이입과 상호이해를 하고 유대감을 만드는 것이다.

비슷한 내용으로 '카멜레온 효과'가 있다. 사람은 대화 상대나 상황에 따라 카멜레온처럼 변신한다. 대화 과정에서 나타나는 표정, 제스처, 말투 등 나도 모르게 상대방을 따라 한다. 즉, 사람은 미러링을 통해 상대방의 제스처에 맞추어 카멜레온처럼 변신하여 동질감과 공감대를 느끼기 위한 노력을 본능적으로 하고 있다.

이렇게 제스처만 잘 활용해도 호감도가 상승할 수 있다. 이를 위해서는 상대방과의 대화에 온전히 집중하여, 어떤 행동을 하는지, 어떤 말투를 사용하는지 등 행동에 대해 유심히 관찰해야 한다. 왜냐하면 제스처는 단순히 보디랭귀지 같은 신체적 표현뿐 아니라 말투, 속도, 억양과 같이 감정을 표현하는 전반적인 동작을 의미하기 때문이다.

손짓이 많은 사람, 팔짱을 끼는 사람, 말을 빨리 하는 사람 등 나 또는 나의 이야기에 대해 어떤 마음인지 드러나기 때문이다. 이렇게 나타난 행동을 따라 함으로써 상대방의 무의식에 '나는 당신과 마음이 통하는 사람'이라는 인식을 심고, 친근함을 느끼게 한다.

상대방이 사용하는 행동을 따라 하여 친근함을 느끼게 하자

깐깐하기로 소문난 거래처 실장이 있었다. 어떤 말을 해도 무표정에 싸늘한 말투로 초지일관한다고 한다. 또한 거래 조건을 제시해도 듣기는커녕 그녀가 원하는 주장만 하는 스타일이라고 했다. 이렇게 행동할 것이면 왜 미팅을 오는지 모르겠다고 말할 정도였다. 나는 그녀의 담당이 되었고 중요하게 협의할 내용이 있어 미팅을 하게 되었다.

역시나 첫인상과 분위기는 쌀쌀했다. 예의가 없다고 느껴질 만큼 뻣뻣한 자세를 유지했다. 나는 오늘 미팅이 몇 시간이 걸리든 내가 원하는 대로 협의하겠다고 단단히 마음을 먹었다. 본격적인 일 이야기에 들어가기에 앞서, 분위기를 부드럽게 하고 그녀를 파악할 겸 가벼운 이야기를 꺼내었다.

그녀는 이런 내용에는 큰 관심이 없다는 듯 형식적으로 대답할 뿐이었다. 나는 아랑곳하지 않고 나의 미팅 템포에 맞추어 그녀를 리드하기 위해 준비한 이야기를 계속했다. 그러던 중 그녀 회사의 대표가 바뀌었는데 아주 힘든 스타일이라는 소문을 들은 기억이 있어, 그 이야기를 꺼내었다. 직장인의 공감대는 상사 이야기 아니겠는가.

기계 같던 그녀가 처음으로 두 손으로 손뼉을 한 번 치며 "맞아요, 정말 힘든 분이에요."라고 말했다. 나는 속으로 깜짝 놀랐다. 몇 명의 담당과 미팅해도 움직이지 않았다는 그녀가 비록 한 번이지만 손뼉을 친 것이다. 나는 그녀의 대표 이야기를 슬며시 더 이어갔다. 여전히 표정이 거의 없고 제스처도 많지 않았지만, 분명 이전보다 경계심이 조금 사라진 느낌이었다.

조심스럽지만 그녀가 직접 대표 이야기를 꺼내기도 했다. 그러다가 강조하고 싶거나 내가 하는 맞장구에 공감이 되면, 손뼉을 한 번 쳤다. 나는 그녀의 유일한 제스처인 손뼉을 기억했다.

본격적으로 일 이야기가 시작되었다. 협상이라고는 전혀 할 마음이 없어 보일 만큼 양보가 없었다. 나의 이야기를 전혀 듣지 않고 있다는 표현이 더 맞는 것 같았다. 화가 났지만 감정적으로 동요되어서는 해결될 일이 아니었기에, 나는 전략을 바꾸었다. 조금 전 대표 이야기를 하며 힘든 것을 알아주었을 때 그녀의 마음이 살짝 움직였던 것을 생각하였다. 그리고 그녀의 제안을 거래처 입장에서 들으면서 공감하였다. 솔직히 더 이상 그녀를 설득할 방법을 몰랐기 때문에 마지막 방법이라고 생각하고 그냥 던져본 것이다.

"지금 이 제안 내용을 보니 실장님 입장에서는 당연히 이렇게 제안하실 수 있겠네요. 어떻게 이렇게 세심하게 준비하셨어요. 대단하시네요."라고 말하며, 그녀가 했던 것과 같이 손뼉을 쳤다. 그녀가 준비했던 내용을 언급하면서, 인정했다. 물론 손뼉을 치는 것도 잊지 않았다. 처음에 그녀는 내가 뭐 하는 것인지 어이없다는 듯이 쳐다보기만 했다. 그녀의 시선을 무시한 채, 뻔뻔할 정도로 나는 내용을 하나씩 칭찬하며 손뼉 치고 감탄해주었다.

그렇게 15분가량이 흘렀을까. 그녀가 처음으로 입을 열었다. "대표님께서 작성하신 내용들이에요. 조금 과하죠?"라고 말이다. 이렇게 처음으로 그녀가 마음을 열어 먼저 말을 시작했고, 그 후 시간은 좀 걸렸지만 이견을 조율하며 꽤 만족할 만한 결과를 얻었다.

그 후 지금까지 이 실장님과는 한 번씩 안부를 묻는 사이가 되었다. 시간이 조금 흐른 뒤 나는 실장에게 왜 나와 협의하게 되었는지 궁금하여 물었다. 실장의 대답은 이러했다. 다른 담당들과 달리 나는 진심으로 실장의 의견을 존중해주었다는 것이다. 지금까지 다른 담당들은 무조건 의견을 부정하거나, 공감하는 척 태도를 보여 오히려 불쾌했다고 한다. 그러나 나는 손뼉까지 치면서 진심으로 공감해주어 미안한 마음이 생겼다고 했다.

실장님은 본인이 강조하고 공감할 때 손뼉을 친다는 것을 모르고 있었다. 다만 무의식중에 내가 손뼉 치는 모습을 보며 자신과 비슷하다고 생각했고, 진심이라고 느낀 것이다.

이 경험 이후, 나는 원하는 결과를 도출해야 할 때, 상대방의 행동을 자연스럽게 따라 한다. 이 행동이 얼마나 결과에 큰 영향을 미칠지는 알 수 없다. 하지만 최소 상대방이 나에 대한 벽을 허물고 공감과 동질감을 느끼게 되는 것만으로도, 성공적인 대화의 첫 단추를 끼운 것이므로 중요한 기초 작업이라 할 수 있다.

말하는 속도를 맞추어, 호감도를 상승시키자

UCLA의 맨슨 교수팀의 연구에 따르면, 상대방에 대한 호감도가 높을수록 사용하는 어휘나 말의 속도가 비슷해진다고 한다. 다시 말해, 어휘나 말의 속도가 비슷한 경우, 대인관계, 협상 등에서 긍정적인 결과가 나타난다는 의미이기도 하다.

상대방이 나보다 말의 속도가 느린 경우, 상대방이 나의 말에 관심이 없다고 느낄 수 있다. 친한 동생 P는 나보다 어리지만, 생각이 깊고 어른스러워 오히려 내가 의지하는 든든한 동생이다. 지금은 10년 가까이 알고 지냈기 때문에 P의 장점이 신중함이라는 것을 너무 잘 알고 있다. 하지만 처음 P를 만났을 때 나랑 친해지기 싫어하는 줄 알았다.

나는 성격이 급해 말도 빠른 편이다. 상대방의 말에 대한 피드백 역시 빠르다. 그러나 P는 진중한 성격으로, 내가 말을 하면, 그 말을 여러 각도로 곰곰이 생각해본 후 대답하기 때문에 느리다. 내 기준에서 그렇게 진중하게 고민할 일인가 싶은 내용도 P는 성격상 신중하다. '오늘 퇴근하고 저녁 먹을래?'라고 물었을 때 된다, 안 된다 두 가지 중 하나를 선택하면 되는 것이 아닌가? 그러나 P는 지금은 되지만, 혹시 일이 생겨 안 됐을 경우 나에게 미안한 것도 생각하고, 안 된다고 했다가 될 경우 다시 만나자고 해도 될지 등 모든 경우의 수를 고려한다. 그래서 답이 한두 시간 후에 올 때도 있다. 처음엔 이렇게 답이 늦어지는 이유가 거절하고 싶은데 미안해서 말을 못 하는 것으로 생각했고, 내가 점점 연락을 멀리하게 되었다. 그러나 알고 보니 생각이 많아 말하는 것도 느리고 대답하는 것도 느렸던 것이다.

반대의 경우도 있다. A는 나보다 성격이 몇 배 더 급한 친구이다. 그래서 여행이든 약속이든 계획이 잡히면, 본인이 답답하여 알아서 신속하게 일을 처리하기 때문에 편한 장점이 있다. A는 급한 성격 탓에 길게 설명하지 못한다. 내 말이 끝나기가 무섭게 매우 빠르게 대답하는데 거의 단답형이다. 따라서 A와 친해지기 전에는 '나랑 대화를 빨리 끝내고 싶구나.'라고 느끼며 서운했던 적이 종종 있었다.

P와 A의 경우, 오해를 풀고 지금까지 잘 지낸 운이 좋은 경우이다. 하지만 새로운 인간관계를 맺거나 상대방과 더 깊은 관계로 발전해야 하는 경우나 협상을 통해 원하는 결과를 얻어야 하는 경우, 상대방의 말하는 속도에 맞추는 태도는 매우 중요하다. 상대방이 느리면, 나도 천천히 대답하며 신중한 모습을 보이자. 상대방이 빠르면, 나도 빨리 대답하며 상대의 말에 흥미를 느끼고 집중하고 있음을 보여주자. 이렇게 감정을 표현하는 말의 속도를 맞추는 것만으로도 상대에게 좋은 인상을 줄 수 있다.

사람은 자신과 비슷한 사람을 좋아하고 편하게 생각한다. 상대방에게 나와 비슷한 점이 발견되면 안도감이 생기고, 왠지 모르게 가깝다는 느낌을 받게 된다. 이렇게 상대방의 마음을 얻기 위해서는 '너와 나'의 관계를 '우리'로 발전시키는 과정이 필요하다. 이 과정에서 제스처를 따라 하는 것은 상대방과 교감을 나눌 수 있는 가장 기본적이면서도 유용한 방법임을 명심하자.

05

있는 그대로
수용하기

    우리는 왜 상대방과 의사소통을 잘하기 위해 노력하는 것일까? 궁극적으로 원하는 것을 얻고, 상대방의 마음을 내 편으로 만들기 위해서이다. 즉, 원활한 소통이 행복한 가정생활, 안정적인 사회생활의 밑바탕이 된다. 이를 위해 우리는 경청의 방법, 대화의 태도 등 의사소통하는 데 필요한 올바른 자세를 위해 세심하게 주의를 기울인다. 이러한 자세들이 잘 이행되기 위해서는 '수용'이라는 마음가짐이 근간이 되어야 한다.

    수용이란, 상대의 감정을 있는 그대로 받아들이고, 이해하는 것이다.

그 감정이 즐겁고, 행복한 긍정적인 감정이든, 우울하고 화가 난 부정적인 감정이든 말이다. 따라서 진정한 수용을 위해서는, 단순히 말을 잘 듣는 것을 넘어, 온전히 상대의 입장이 되어 이야기를 듣고 감정이입을 해야 한다. 그래야 나와 다른 생각에 대해서 판단, 비판하기보다 이해하고 공감할 수 있다.

수용을 단순히 듣고 감정을 느끼는 것이라고 생각한다면, 수동적인 태도라고 생각할 수 있다. 그러나 수용은 적극적인 자세이다. 반대하고 싶은 말이 목까지 나와도, 그 순간에는 잠시 꾹 참는 것, 살짝 흥분되어도, 차분하게 감정을 누르고 듣는 자세로 돌아오는 것, 목소리가 높아지거나 속도가 빨라지는 것을 알아차리고, 안정적인 마음으로 다시 경청의 자세가 되는 것이다. 이렇게 수용은 능동적인 태도이다.

대화를 경청하다 보면 적극적으로 참여하고, 상대에게 위로를 해주거나 도움이 되고 싶은 마음이 점점 커지게 된다. 따라서 우리는 귀로는 수용하고 있으나 마음속으로는 나도 모르게 평가 시스템이 작동하거나, 나의 이야기를 하게 되는 경우가 생긴다. 의도와 다르게 상대방을 제대로 수용하지 못했지만, 스스로는 상대에게 도움이 되는 충고를 했다고 만족하거나 최선을 다해 위로했다고 착각하는 경우가 있다.

자신의 입장에서 하는 위로는 진정한 수용이 아니다

상대방이 힘든 이야기를 할 때, 내가 더 힘들었던 경험을 이야기하면서 '너만 그런 거 아냐, 다들 그래.' 또는 '더 힘든 나도 있잖아, 나보고 힘내.' 라고 말한 적은 없는가? 나 역시 이런 실수를 많이 했다. 더 힘든 상황을 공유하는 것이, 상대의 상황이 최악이 아니라는 것을 알려주어 짐을 덜어 줄 수 있고, 위로가 될 것이라는 생각 때문이었다. 그러나 몇 년 전 이 방법은 마음을 달래는 데 큰 도움이 되지 않는다는 것을 알게 되었다.

4년 전 번아웃과 함께 직장생활에 권태기가 왔다. 할 일은 많은데, 심해지는 무기력함과 집중력의 하락, 이유 없이 커지는 부담감에 걱정이 되었다. 여행을 다녀오고, 평소 배우고 싶었던 취미활동도 해보았으나 전혀 나아지지 않았다. 오히려 깊은 수렁으로 더 빨려 들어가는 것처럼 증세는 점점 더 심해졌다.

고민이 커지던 어느 날, 친한 동료 A가 힘들어하는 나를 위해 기분 전환 해주겠다며 저녁 약속을 잡았다. 나는 잠시나마 힘든 마음을 내려놓고, 위로받고 싶었다. 나의 요즘 고민은 무엇이고, 내 상태는 어떤지 진지하게 털어놓았다. 같은 회사를 다니는 동료이기 때문에 주변 사람, 하는 일에 대한 이해도가 높았다. 따라서 나의 상황을 잘 아는 만큼 나의 마음도 잘 받아줄 수 있을 것이라 기대했다.

A는 내 이야기를 듣는 중간중간 '맞아요, 나도 그래요.', '그 팀장님이 좀 그렇죠.'라며 공감하고 힘든 마음을 받아주는 듯했다. 그러나 이야기에 너무 몰입했던 것일까. A는 과거에 팀장님과 겪었던 안 좋은 경험들을 이야기했다. 이것을 시작으로 이야기는 꼬리에 꼬리를 물고, 내 주변 사람들과 있었던 여러 에피소드뿐 아니라 본인은 요즘 왜 힘든지, 심적으로는 어떤 상태인지 이야기를 쏟아내었다.

어느 순간 보니, 내가 A의 고민 상담과 위로를 해주고 있었다. 그러나 나의 마음 상태가 상대방을 공감할 만큼 여유롭지 않았기 때문에 A의 이야기에 집중할 수 없었다. 마음속에서는 '내가 힘들어서 만났는데, 나한테 상담을 하는 이 상황은 뭘까.', '본인도 힘드니까 나보고 위로받으라는 건가?' 등 온갖 생각이 스치며 마음이 더 지치고 피곤해졌다.

물론 A가 날 더 힘들게 할 의도가 아니었다는 것을 잘 알고 있다. 평소처럼 이야기하다 보니 본인 이야기로 넘어가게 되었고, 나에게 힘이 될 것으로 생각하며 열정적으로 말했을 뿐이다. 나 또한 다른 동료에게 위로라며 A와 같은 실수를 정말 많이 했다. '너보다 상황이 더 안 좋은 나도 버티잖아. 너만 힘든 거 아니야, 힘내.'라고 공감인 듯 아닌 듯 애매한 말을 하면서 말이다.

내가 겪어보니, 나에게 가장 필요했던 말은 '요즘 많이 힘들었구나.', '버티느라 애썼네.' 이 말이면 충분했다. 번아웃과 권태기를 느끼는 것이

도태되는 것 같아 스스로 인정하기 두려워서 할 수 없었던 말이다. 그러나 가장 필요했던 말이었기 때문에, 상대방의 입을 통해서라도 듣고, 나의 마음을 수용하고 싶었다.

상대방이 원한 것은 평가가 아니라 공감이다

우리가 상대방을 수용할 때 많이 하는 실수 중 하나는 판단하고, 평가하고, 심지어 조언까지 하는 것이다. 상대가 잘되길 바라는 마음에서 시작한다. 그러나 때로는 묵묵히 들어주고 끄덕이며 수용하는 것이 더 큰 도움이 될 수 있다.

사람은 자신이 살아온 환경과 경험을 토대로 가치관과 신념이 형성된다. 소신과 주관이 생긴다는 장점이 있다. 반면, 나의 잣대에서 벗어나는 생각과 행동은 '잘못된 것'으로 판단하는 경직된 생각을 가질 수 있다. 선부른 판단은 상대의 감정을 받아들이고, 인간관계를 이어가는 데 걸림돌이 된다.

특히 나이를 먹어갈수록, 사회적 지위가 높아질수록 상대방을 수용하는 것은 쉽지 않다. 오랜 시간 겪어온 것에 대한 확신과 자부심이 귀와 마음을 닫아버린다. 상대방의 고민을 공감하기 전, 지레짐작으로 판단하고 평가하고, 고쳐야 할 점을 지적한다. 상대방의 상황은 고려하지 않은 채 나의 시선과 가치관을 잣대로 하는 지적이 불쾌할 수 있다. 이런 상황이 반복될수록 대화는 점차 줄어들고 소통 없는 단절된 외로운 사람이 될 것이다.

친구 L은 취업하고 싶은 가장 큰 이유 중 하나가 독립이었다. 어릴 때부터 아버지와 대화는 일방적으로 지적당한 기억밖에 없다고 했다. 이런 L은 아버지와 한 집에 있으면 가슴이 답답하고 숨이 콱 막혔다. 고등학교 1학년 때 일주일 동안의 긴 중간고사를 끝내고 집에 왔다. L의 어머니는 몇 주간 고생한 딸을 위해 L이 좋아하는 케이크를 사오셨고, 맛있게 먹고 있었다고 한다. 그때 L의 아버지가 보시면서 하신 말씀은 "저렇게 단것을 먹으니 살이 찌지, 밖에 나가 운동해라."였다. 아버지도 시험이 끝난 날이란 것을 아셨는데 수고했다는 말은커녕, 시험과 상관없는 L의 외모를 평가, 지적하신 것이다. L은 아직도 이때 받은 마음의 상처가 남아 있다고 했다.

L이 수능을 본 후, 가채점 결과 수리 영역 점수가 생각보다 낮아 걱정하고 있었다. 어머니와 다른 친척들은 다른 점수가 좋으니 너무 걱정하지 말라며, 응원해주셨다고 한다. 그러나 아버지는 L의 마음에 상처를 주셨다. "수학이 약한 줄 알면, 열심히 했어야지 네가 수학 공부하는 것을 쭉 지켜보면 이 결과가 이상하지도 않다."라고 하셨다. 이날 L은 야속한 아버지 말에 두 눈이 퉁퉁 붓도록 울었다고 한다.

그 이후 L은 아버지의 말에 크고 작은 상처를 계속 받았고, 점점 아버지에게 벽이 생기고 말을 하지 않게 되었다고 한다. 그러면 L의 아버지는 "다른 집 딸은 싹싹한데, 우리 집 딸은 뭐가 불만이 많아서 이렇게 뚱한지 모르겠다."라며 끊임없이 L을 지적하고 평가하셨다. 그래도 아버지니까 딸인 내가 참자는 생각으로 지냈다고 한다.

어느 날, 저녁 식사 자리에서 또 지적당한 L은 폭발하였다. 너무 서럽고 화가 난 L은 왜 한 번도 칭찬해주지 않는지, 딸의 마음을 이해하려 하지 않는지 따져 물었다고 한다. L의 아버지는, "나 때는 가난하고 어려웠지만, 밤새워가며 공부해서 대학 갔다. 그런데 너는 잘 것 다 자면서, 시험점수가 안 나왔다고 배부른 소리를 한다."라고 말씀하셨다. 이에 덧붙여 "어른이 살아보고 깨달은 바가 있으니, 다 잘되라고 하는 말인데, 그것도 이해를 못 한다."라며 서운한 L의 감정을 바라봐주는 대신 역시나 또 평가와 지적을 하셨다.

이날 이후, L은 아버지와 대화다운 대화를 한다는 것은 불가능한 일임을 깨닫고 더 이상 노력하지 않았다고 한다. 그리고 취업 후, 바로 독립했다. 그렇게 20년이 지난 지금도 L과 아버지는 매우 서먹한 사이이다.

이렇게 윗사람의 수용 능력이 부족하여 상처받고, 분위기가 냉랭해지는 것은 비단 가부장적인 가정에만 있는 일은 아니다. 회사 역시 여전히 과거의 영광 속에 머무르며 본인의 생각만 주장하는 상사 때문에 힘들고 상처받는 일이 여전히 존재한다. 경험을 통해 배운 지혜를 가르쳐주는 것은 좋다. 다만 지적과 평가가 아니라 공감과 대화로 전달한다면 더욱 효과적이고 존경받게 될 것이다.

상대방을 있는 그대로 수용한다는 것은 어려운 일이다. 상대방에 대한 소문으로 이미 편견이 있을 수 있고, 나와 다른 생각에 대해 공감하기 어려울 수 있다. 그러나 이것은 어디까지나 자기중심적인 생각과 경험에서 비롯된 것임을 알아야 한다. 판단과 나의 경험은 잠시 접어두자. 그리고 상대방의 말과 감정에 집중하자. '너는 지금 그런 상황이구나.', '너는 그렇게 생각할 수 있겠구나.'라고 두 가지만 기억한다면, 상대방을 있는 그대로 바라보는 데 큰 도움이 될 것이다.

06

'때문에'보다는 '덕분에'로
바꾸어 말하라

말은 상대방의 입장을 수용하고 존중함으로써 마음을 보듬어주는 치료제 역할을 한다. 그러나 반대의 경우, 생각 없이 내뱉은 말에 상대는 마음의 상처를 입거나 기분이 상할 수 있다. 들었을 때 기분 좋은 말은, 기본적으로 상대에 대한 공감과 존중이 바탕이 된다. 왠지 이 사람과 이야기하면, 내가 조금 더 특별한 사람이 된 것 같은 기분, 나는 한마디 했을 뿐인데, 상대방은 나의 열 길 속마음도 알아주는 것 같은 기분을 느끼게 한다. 이렇게 말은 상대방이 나를 판단할 때, 제일 빨리 직관적으로 영향을 주는 요소이다.

따라서 어떤 단어를 사용하여 말하느냐가 매우 중요하다. 내 입에서 나오는 말이 곧 나의 속마음과 생각을 대변하기 때문이다. 이 사람이 긍정적인 사람인지, 불만이 많은 사람인지, 상대방을 무시하고 있는지, 존중하고 있는지 등 내가 뱉은 말에서 어느 정도 가늠이 된다. 따라서 같은 상황에 대해 말을 할 때도, 어떤 시선으로 바라보고, 어떻게 말을 할지 신중하게 생각해야 한다.

시선을 긍정적으로 돌리고, 사용하는 단어를 바꿨을 뿐인데, 상대방을 기분 좋게 만드는 마법과 같은 단어 중 하나가 바로 '때문에'와 '덕분에'이다. '덕분에'는 베풀어준 은혜나 도움을 뜻하는 말로 긍정적인 의사 표시에 사용된다.

'때문에'는 어떤 일의 원인이나 까닭을 의미하므로, 부정적인 맥락과 긍정적인 맥락에서 모두 쓸 수 있다. 그러나 '탓'이라는 '상황이 생긴 까닭'을 뜻하는 부정적인 의미가 함께 사용된다. 어법상으로는 긍정적인 상황에서 '때문에'를 사용해도 틀리지 않는다.

하지만 우리는 대화를 할 때 느껴지는 기분이 말하는 사람에 대한 인상을 좌우한다는 것을 알고 있다. 따라서 상대방을 높여주고 공을 상대에게 돌리는 느낌을 더 많이 줄 수 있는 '덕분에'를 사용하는 것이 상대에게 감동을 주는 데 효과적이다.

상대의 가치를 알아주는 '덕분에'는 마음을 움직인다

누군가에게 '당신 덕분이에요.'라는 말을 들었다면 당신의 기분은 어떻겠는가? 그것이 설사 인사치레일지라도 기분이 좋아진다. 내가 정말 큰 역할을 한 것 같고, 도움이 되었다는 생각에 스스로 기특할 것이다. 또한 나의 노력을 알아준 상대방에게 호감이 생기고, 앞으로 더 많은 도움이 되고 싶다는 생각이 들지 않을까. 긍정적인 단어 한마디가 상대방에 대한 생각과 행동 모두 긍정적으로 변화시킬 수 있다.

회사를 처음 입사했을 때 일이다. 첫 사회생활에 긴장도 많이 되고, 팀에서 내가 기여할 수 있는 부분이 거의 없다고 생각되어 작아져 있었다. 시간이 갈수록 이 생각은 점점 더 커졌다. 항상 혼내고 화내는 팀장님 때문이었다. 팀장님은 항상 나를 가르친다는 명목하에 "너 때문에 팀원들이 피해를 보고 있어.", "너 때문에 일이 늦어지고 있어."를 하루에도 수십 번 말씀하셨다. 갓 입사한 신입이 모르는 것이 많고, 능숙하지 못한 것은 당연하다.

그러나 나는 모든 탓을 나에게 돌리는 팀장님의 말에 가스라이팅 당하며 '나는 팀에서 쓸모없는 사람'이라고 생각하게 되었다. 무슨 일을 해도 내 탓으로 다른 사람들이 피해를 볼까 봐 무서웠다. 나아가 나는 이 일이 맞지 않는 사람이라고 확신이 들었고, 그렇게 입사한 지 4개월쯤 되었을 무렵 퇴사를 결심하게 되었다. 이때 마침 조직 개편이 되어, 다른 팀장님 팀으로 옮기게 되었다. 나는 조금 더 회사에 다녀보기로 했다.

새 팀에서도 나는 역시 막내, 입사 4개월 차였다. 나는 여전히 의기소침해 있었다. 어느 날 팀장님께서 시키신 일을 방향을 잘못 잡아 틀리게 되었다. 새 팀장님이 나를 회의실로 부르셨다. 전 팀장님에게 '너 때문에'라는 말을 너무 많이 들은 나는 겁에 질려 있었다. 새 팀장님은 나에게 틀리면서 배워야 절대 까먹지 않고 내 것이 된다면서 자신감을 가지라고 말씀하셨다. 그리고 다시 차근차근 팀장님께서 시키셨던 일에 대해 어느 부분을 잘했고, 잘못했는지 가르쳐주셨다. 또한 내가 들어온 덕분에 팀에 생기가 돌고, 팀 내 살림을 잘 챙기게 되었다고 말씀해주셨다. 막내로서 이것저것 챙기는 것은 사소하고 하찮은 일이라고 생각했는데, 이 부분을 알아주시니 너무 감사했고, 감동스러웠다.

그 후, 나를 인정해주시는 팀장님을 실망시키고 싶지 않았다. 일을 잘하고 싶다는 마음이 들었고 적극적으로 노력했다. 이렇게 '덕분에'는 나를 스스로 움직이게 했고, 회사에 더 빨리 적응하게 해주었다.

'덕분에'는 상대방의 잘못을 고칠 수 있는 부드러운 칼과 같다

때로는 따끔한 훈계보다 상대방이 스스로 알아차리고 개선하도록 기다리는 것이 더 효과적일 때가 있다. 훈계를 당하는 경우, 스스로 고쳐야 겠다는 의지가 없는 상태이다. 따라서 혼나지 않기 위해 억지로 하다가 원점으로 돌아오거나, 눈을 피해 몰래 행동하는 때도 생긴다. 그러나 스스로 알아차린다면, 진심으로 잘못에 대해 부끄러움을 느끼고 반성하게 된다. 따라서 같은 실수를 반복하는 경우가 현저히 줄어들게 된다.

친한 동료 몇 명과 외국인 선생님을 모시고 영어 스터디를 한 적이 있다. 3명만 하기로 했으나, 이 소문을 들은 동료의 친구 몇 명이 참여하고 싶어 했고 그렇게 5명이 함께 하게 되었다. 스터디 시간은 매주 모두 참석하기 편한 시간으로 잡았다.

스터디 첫날, P가 10분가량 늦게 참석했다. 당연히 모두 참석 후 시작해야 한다는 생각에 기다렸다. 그렇게 첫날은 10분 늦게 수업을 시작했다. 두 번째 수업 역시 P는 제시간에 나타나지 않았다. 선생님께 죄송했던 우리는 눈치가 보였다. 선생님은 괜찮다고 하시면서, P가 올 때까지 한 주간 있었던 일을 공유하는 시간으로 사용했다. P가 왔을 때, 선생님께서는 "늦게 오신 덕분에 우리 모두 한 주간 있었던 일을 공유했어요. 서로 대해 좀 더 많이 알게 되는 시간을 가졌네요."라고 하셨다.

세 번째 수업에 P는 3분가량 지각했다. 평소보다 빨리 왔으나, 우리 모두 P의 책임감 없는 태도에 조금씩 화가 나기 시작했다. 선생님은 P에게 "오늘은 빨리 오신 덕분에 수업을 평소보다 빨리 시작하게 됐네요."라고 하셨다. 다섯 번째 수업까지 P는 습관처럼 지각했다.

선생님은 절대 먼저 수업을 시작하지 않으셨다. 회화 시간으로 활용하였다. 그리고 어김없이 P가 오면 "늦게 온 덕분에 우리는 즐거운 시간을 갖게 되었어요."라고 말씀하셨다. 우리는 싫은 말 한 번도 하지 않으시는 선생님이 너무 상업적이라고 느꼈다. 차라리 P에게 늦지 말라고 한마디 했으면 좋겠다고 생각했다. 매일 보는 직장 동료였기 때문에 불편한 사이가 되는 것을 피하고 싶었던 우리는 P에게 따끔하게 말하지 못했기 때문이다.

여섯 번째 수업에 웬일인지 P는 커피와 빵을 사서 10분 일찍 도착해 있었다. 이미 화가 나 있던 우리는 사과 한마디 없이 간식으로 그동안의 무책임함을 무마하려는 행동으로 보여 탐탁지 않았다. 냉랭한 분위기에 선생님이 P에게 말을 꺼냈다. "배고팠는데 간식 사온 덕분에 힘내서 수업할 수 있겠네요."라고 말이다.

그때 P가 멋쩍은 듯이 말을 꺼냈다. P는 온종일 업무에 시달린 후 스터디 참여하는 것이 너무 설레었다고 한다. 그러나 퇴근한 후라는 자유로운 마음이 너무 컸던 나머지 자꾸 지각하게 되었다. 그러나 아무도 지각을 지적하지 않았다. 심지어 선생님은 덕분에 좋은 시간을 보내게 되었다고 말씀하셔서, 처음엔 마음이 더 나태해졌다고 한다. 다섯 번 지각할 때까지 누구도 P에게 화를 내지 않자 어느 날 문득 너무 미안한 마음이 들었고 고마웠다고 한다. 그러면서 선생님과 우리에게 자신의 행동에 대해 진심으로 사과했다.

P는 선생님께 왜 뭐라고 하지 않았는지 물었다. 우리 역시 너무 궁금했던 부분이었다. 선생님은 "P는 이미 가치관이 정립된 성인이다. 스스로 옳고 그름을 충분히 판단할 줄 아는 사람이다. 굳이 지적하지 않아도 된다. 대신 P로 인해 얻게 된 긍정적인 부분을 계속 말해준다면, 어느 순간 미안함을 느끼게 된다. 그렇게 스스로 잘못을 깨달을 수 있는 기회를 주어야 한다. 또한 P 때문에 수업이 늦어진다는 부정적인 생각은 나 자신에게도 좋지 않다. 따라서 주어진 상황에서 긍정적인 부분을 찾으려고 노력한다."라고 말씀하셨다. 대답을 듣고 선생님이 진짜 어른으로 느껴졌다.

이 경험을 통해 진짜 어른의 대화법에 대해 깊이 생각해보게 되었다. 시간적 여유가 없거나, 인격적으로 성숙하지 않은 상대를 대할 때는 훈계도 좋은 방법이다. 그러나 안타까운 것은 스스로 깨닫고 변화할 수 있는 기회를 줄 수 있는 경우에도, 바로 지적하거나 혼내는 경우가 많이 있다는 점이다.

나 역시 성격이 급하고 인내심이 부족하여, 친구, 동료, 가족에게 그 자리에서 쏘아붙이는 경우가 있다. 지금도 상대방의 잘못에 대해 바로 지적하고 고치고 싶을 때가 있다. 그때마다 영어 선생님이라면 어떻게 했을까? 생각하면 답이 나온다. 상대에 대한 불만을 긍정적인 시각으로 다시 바라보고, '덕분에'를 사용하여 칭찬한다. "정리가 조금 늦었지만, 덕분에 꼼꼼하게 마무리되어 수정할 내용이 많이 없네요."라고 말이다. 신기하게도 나는 기분이 좋고, 본인이 늦은 것을 알고 있는 상대방은 매우 미안해하며 다음에는 더 잘하려고 애를 쓴다. 이것이 '덕분에'가 가진 또 다른 부드럽지만 강력한 힘이다.

우리는 하루에도 수많은 말을 듣고 뱉는다. 나의 말 한마디가 상대에게 힘을 줄 수도 있고, 사기를 꺾을 수도 있다. 상대방의 자존심에 상처를 낼 수도 있고, 자발적으로 변화하게 만들 수도 있다. 이렇게 말의 힘은 대단하다.

상대의 마음을 움직이고 진심을 얻고 싶다면, 긍정적 시선으로 상대방을 바라보고, 상대방을 인정할 수 있는 단어를 사용해야 한다. '때문에'는 상처를 주지만, '덕분에'는 감사와 감동을 준다는 것을 잊지 말자.

07

표현하지 않는 마음은
보이지 않는다

    사회생활을 하다 보면 상대방의 말에 대한 오해로 크고 작은 마찰이 생긴다. 더 정확히 말하면, 상대방의 말 속에 숨겨진 속마음을 제대로 파악하지 못하여 문제가 발생한다. 왜 제대로 파악하지 못했을까? 말하는 사람이 자신의 생각에 대해 충분하게 표현하지 않았기 때문이다.

    마음을 읽을 수 있는 특별한 안테나가 있다면 어떨까? 굳이 마음을 꺼내어 표현하지 않아도, 상대방의 진짜 속마음을 알 수 있을 것이다. 오해가 줄어들고, 때로는 나를 깊게 생각해주는 상대의 마음에 흐뭇할 것이다. 현실에서 특별한 안테나 역할은 바로 나의 마음을 잘 표현하는 것으로 대체할 수 있다.

사람들은 마음을 표현하는 데 생각보다 인색하다. 친하지 않은 사람과는 아직 친하지 않기 때문에, 상대방이 나를 어떻게 생각할지 몰라 표현을 아끼게 된다. 또한 가까운 사이가 되면, '우리 사이에 이 정도는 말하지 않아도 다 알겠지.'라는 생각에 마음의 표현을 생략한다. 심지어, 쑥스러운 마음에 나의 속마음과 다르게 표현하기도 한다.

그리고 상대가 내 마음을 알아주지 않는 경우, 상대방이 변했다거나, 나에게 관심이 없어졌다며 서운해한다. 아무리 가까운 사이라고 해도, 서로의 가치관과 생각이 다르다. 이 차이는 저절로 좁혀지지 않는다. 진실한 소통을 통해, 나와 상대방의 생각의 차이를 인정하고 조율하는 노력이 필요하다.

나를 낳아주신 부모님과의 대화에서도 오해하는 경우가 발생하는데, 하물며 남과의 사회생활에서는 어떻겠는가. 상대방은 독심술을 배운 적이 없다. 내가 상대방의 마음을 잘못 짐작하여 오해가 생기는 것처럼, 상대방 역시 내가 표현하지 않은 마음조차 꿰뚫어 볼 수는 없다. 아무리 능력이 좋고 성공한 사람일지라도, 상대와 진정한 소통이 이루어지지 않는다면, 외롭고 고립될 수밖에 없다. 따라서 상대방과 마음의 교류를 하고 긍정적인 관계를 유지하기 위해서는 내가 먼저 입을 통해 마음을 제대로 표현하고 전달해야 한다.

제대로 표현하지 않으면 상대방에게 위로와 공감을 전달할 수 없다

몇 년 전의 일이다. 친구 커플과 나의 여름휴가 장소와 출국일이 같다는 것을 알게 되었다. 반가웠던 우리는 비행기 좌석을 조정하여, 함께 출국하기로 했다. 친구는 매우 들떠 있었다. 이직 후, 회사 상황 때문에 길게 휴가를 낼 수 없었기 때문에 거의 1년 반 만의 해외여행이었다. 아쉽게도 친구의 회사 상황으로 6일만 휴가를 사용할 수 있었지만, 오랜만의 해외여행에 한껏 신나 있었다. 출발일과 도착일을 제외하면 4일 동안의 다소 짧은 시간이었지만, 가고 싶은 곳, 먹고 싶은 것은 다 하겠다는 심산으로 친구는 알차게 스케줄을 짰다.

출국 당일 새벽부터 일기예보에 없던 비가 내리기 시작했다. 큰 비가 아니었기 때문에 걱정 없이, 공항으로 갔다. 친구 커플도 와 있었다. 우리는 그동안 이야기도 하며 커피 한잔을 하기 위해 두 시간 일찍 만났다. 비는 여전히 부슬부슬 내리고 있었으나, 개의치 않았다. 한참 대화를 하고 한 시간쯤 지났을 무렵 빗줄기가 굵어지기 시작했다. 친구는 못 가는 것 아니냐며 불안해했다. 바람 없이 비만 오고 있었기 때문에, 출발하는데 문제없을 것이라며 다독였다. 그러나 친구는 계속 불안 상태였고, 대화에 집중하지 못했다.

시간이 흐를수록 비는 더 많이 내리고 바람도 조금씩 불기 시작했다.

친구는 하늘 상태를 살피며 점점 예민해졌다. 그러나 우리 비행기 바로 앞 비행기가 문제없이 출발했기 때문에 우리도 출발할 수 있을 것이라는 희망을 품은 채 탑승하기만을 기다렸다. 탑승 시간이 되었는데 게이트는 열리지 않았고, 친구는 표정이 굳어갔다. 그때 승무원이 다가와 기상 상태가 좋지 않아, 출발을 할 수 없게 되었다고 말했다. 지금 날씨로는 몇 시간 후에 다시 출발할 수 있을지 예측할 수 없다고 했다. 이 말을 들은 우리는 모두 실망감을 감추지 못했다. 특히 친구는 오랜만의 해외여행인 데다 6일의 짧은 일정이었기 때문에 망연자실했다. 동시에 속상하고 짜증 나고, 극도로 예민한 상태가 되었다.

휴가를 다른 날짜로 옮길 수 있는 나와 달리, 친구는 이번에 꼭 휴가를 사용해야 했기 때문에, 그 기분이 어떨지 충분히 짐작되었다. 나는 어떻게든 친구의 속상한 마음을 달래주고 싶었다. 주말에 올빼미 투어로 가까운 나라로 여행을 가자며 친구의 기분이 풀어줄 대안을 찾기 위해 노력하고 있었다. 이때 그녀의 남자친구가 그녀에게 "비바람이 너무 불어서 비행기가 뜰 수 없다잖아. 자연재해인데 어쩔 수 없지, 그냥 운이 없었다고 생각해."라고 말했다. 이 말을 들은 친구는 남자친구에게 날카롭게 쏘아붙였다. "누가 몰라?"

순간 분위기는 냉랭해졌다. 남자친구는 본인이 바람을 불게 한 것도 아닌데, 자신에게 화를 내는 친구가 이해되지 않았다. 그리고 친구는 안 그래도 속상한데 그 내용을 굳이 한 번 더 짚어 이야기하는 남자친구가 짜증이 났다.

이 상황은 제삼자의 측면에서 보면 분위기가 나빠질 일이 아니었다. 남자친구가 저렇게 말한 이유는 여자친구가 속상해하는 것이 마음 쓰였기 때문에, 위로하고 싶었을 것이다. 그러나 본인이 실망한 여자친구 때문에 마음 아프다는 감정을 제대로 표현하지 않았기 때문에, 여자친구는 이 말이 공감과 위로로 들리는 것이 아니라, 이미 알고 있는 정보를 한 번 더 들은 것뿐이었다.

그럼 어떻게 말하면 좋을까? '비행기가 취소되어서 많이 속상하지? 나도 속상해. 특히 휴가를 어렵게 낸 것을 알기 때문에 네가 실망하는 것을 보니까 맘이 너무 안 좋아.'라고 말했으면 친구가 쏘아붙이는 일은 없었을 것이다. 남자친구가 자신의 감정을 솔직하게 표현했기 때문에, 위로하기 위해 한 말이라는 것을 알 수 있다. 또한 자신의 감정을 공감해준 남자친구에게 고마웠을 것이다.

마음은 표현하지 않으면, 상대방이 의도를 제대로 파악하지 못하는 경우가 있다. 특히 상대방이 정신적으로 여유가 없을 때는 더욱 그렇다. 내 생각과 기분이 상대방에게 그대로 전달될 수 있도록 표현하는 것 또한 진정으로 소통이 되는 대화에 포함된다는 것을 기억하자.

적극적으로 표현하는 것은 경직된 분위기를 부드럽게 만드는 마법이다

칭찬, 고마움과 같은 마음을 표현하는 것은 친구 간에, 아랫사람에게 하는 것이 훨씬 수월하다. 윗사람에게는 왠지 더 격식을 차려야 할 것 같다. 또한 버릇없이 보일까 봐 우려되기도 하고, 아부하는 사람으로 비칠까 봐 주변의 시선이 신경 쓰인다. 회사에서는 특히 더 그렇다. 경쟁하고 경직된 조직이기 때문에 나의 마음을 표현하는 경우는 많지 않다. 그러나 이럴수록 팀장님께, 상사에게 적극적으로 호응하고 표현한다면, 팀의 분위기도 훨씬 밝아지고, 팀장님의 태도도 유연해질 수 있다.

내가 사원, 대리일 때는 팀장님의 말에 반응하고 생각을 표현하는 것이 중요하다고 생각하지 않았다. 그러나 점차 후배들이 생기고, 일을 시켜보니 후배의 긍정적인 말 한마디, 나를 향한 응원의 표현 하나가 얼마나 힘이 되는지 알게 되었다. 일을 지시하는 입장에서 후배가 나의 의도를 왜곡하지 않고, 즐겁게 잘 따라와주길 바라기 때문에, 후배가 어떤 마음인지 눈치를 보지 않을 수 없다.

2년 전 내가 속해 있던 팀은, 나를 포함한 팀원들 모두 성격이 조용했다. 특히 팀에 사원, 대리급의 어린 친구들도 없어서 팀은 특히 더 차분한 분위기였다. 각자 말없이 자기 할 일만 묵묵히 했다. 어느 날 팀에 새로 팀장님이 오셨다. 회의 때, 팀장님께서 말씀하시면 우리는 짧게 '네.',

'알겠습니다.'라고 답을 했다. 회의 내용과 관련된 질문이 있는 경우를 제외하고는, 다른 대화는 하지 않았다. 팀장님의 업무 지시가 명확하고 깔끔하여 우리는 팀장님께 추가 질문을 할 필요가 없었다. 그러나 특별한 사건 없이 점차 날카롭고 엄격하게 변화하는 팀장님의 태도에 우리는 조금씩 불만이 커지고 있었다.

어느 날 회의가 끝날 때쯤 팀장님께서 "내가 마음에 들지 않으면, 고쳤으면 하는 부분을 말을 해라. 이렇게 성숙하지 못하게 말하지 않는 것으로 나를 싫어하는 것을 표현하지 말아라."라고 말씀하셨다. 이 말을 들은 우리는 너무 놀랐다. 우리 팀의 분위기를 알 리 없던 팀장님은 몇 주 동안 우리에 대해 오해하고 계셨다. 팀장님이 맡았던 전 팀은 이야기도 많이 하고 화기애애한 분위기였기 때문에, 무뚝뚝한 팀 분위기에 대해 우리가 팀장님이 마음에 들지 않는 것을 표현하고 있다고 생각하셨다.

이렇게 우리는 처음으로 업무 외의 내용으로 이야기하게 되었다. 우리는 팀장님의 업무 스타일이 마음에 들었고, 만족하고 있었다. 다만 아무도 표현하지 못했을 뿐이라고 말했다. 팀장님 또한 처음 이 팀을 맡게 되었을 때, 과장, 차장급으로 이루어져 있어, 든든하고 의지가 많이 되어 좋았다고 했다. 팀장님과 우리 모두 서로에 대한 생각과 느낌이 긍정적이었다. 표현을 하지 않아서, 몰랐고, 서로 행동을 오해를 하고, 감정이 나빠지고 있던 것이다.

그 후 팀장님과 우리는 마음을 서슴없이 이야기하기 위해 노력했다. "팀장님, 어제 야근하시던데, 피곤하시겠어요, 고생하셨습니다.", "팀장님, 말씀해주신 내용은 저희 팀 입장을 잘 반영한 것 같습니다. 감사합니다."라고 말이다. 처음에 어색해하던 팀장님도, 점차 우리가 마음을 표현하니, 날카로웠던 태도가 부드러워졌고, 팀 내에 진솔한 대화가 늘어나게 되었다. 몇 개월이 지난 후, 다른 팀에서 모두 부러워하는 제일 분위기가 좋은 팀이 되었다.

사람은 상대방에게 마음을 표현하고, 나의 마음을 알아줄 때 진정으로 행복함을 느낀다고 한다. 즉 행복한 사회생활, 가정생활을 위해서는 동료, 상사, 가족, 친구 등 나와 관련된 사람들에게 감사, 미안함, 좋아함과 같이 내가 그들에게 느끼는 감정을 솔직하게 표현하고, 마음을 보여주어야 한다. 그러면 상대방은 내가 먼저 열어놓은 마음의 문에 들어오게 되어, 더욱 가깝고 진솔한 사이가 될 수 있을 것이다.

상처 주지 않고 내 편으로 만드는 대화법

THE WAY OF CONVERSATION

4장

논쟁을 피하고 갈등을 협력으로 바꾸는 대화법

01

틀린 의견은 없다,
다를 뿐이다

누구나 한 번쯤 상대방과 의견이 달라 언쟁이 생기거나 서먹해지는 경우를 경험해보았을 것이다. 나는 이것이 좋다고 하는데, 상대방은 저것이 좋다고 한다. 반대로 내가 싫은 것을 상대방은 좋다고 한다. 의견 대립이 팽팽해질수록, 감정의 대립도 함께 생긴다. 따라서 객관적으로 판단해야 할 상황에, 상대에 대한 미움과 짜증이 슬며시 올라온다. 이렇게 감정적인 대립이 섞이면서, 내 의견은 점점 절대적으로 옳은 의견, 상대방의 의견은 생각할 가치도 없는 틀린 의견이 되어버린다. 의견이 다른 부분을 조율해야 하는데, 그저 못마땅한 마음으로 가득 차 이성적인 판단이 불가능해진다.

원만한 인간관계를 위해 갖추어야 할 가장 기본적인 요소는 서로 소통이 되어야 한다는 것이다. 그러기 위해서는 '다름'에 대한 부정적인 시각을 버리고, 인정하는 태도가 첫 단계이다. 우리는 같은 상황을 보더라도 다르게 해석할 수밖에 없다. 왜냐하면, 각자의 다양한 경험을 바탕으로 가치관이 형성되고, 이것을 기준으로 상황을 해석하고 판단하기 때문이다.

내가 상대방을 이해할 수 없는 만큼, 상대방도 내 의견이 이해되지 않을 수 있다. 따라서 너의 의견이 틀렸다고 할 것이 아니라. 소통하고 부족한 부분을 보완하려는 겸손한 태도를 가져야 한다. 그럴 때, 서로 마음의 문을 열게 되고, 진정한 소통이 시작될 수 있다.

자신과 의견이 다르면 공격적으로 변하는 친구 사례

친구 K는 아무리 피곤하더라도, 자기계발에 소홀하지 않았다. 야근하여 늦게 퇴근했더라도, 다음 날 영어학원 새벽반을 한 번도 빠진 적이 없다. 퇴근 후에 몸이 천근만근이어도, 헬스장에 들러 러닝머신을 10분만 뛸지언정 절대 미루지 않았다. 친구들이 오늘 하루만 빠지고, 함께 놀자고 하면, 운동을 다녀온 후, 모임에 참여했다. 이렇게 단 한 번도 본인이 세운 계획이나 생각을 변경하거나 굽힌 적이 없을 만큼 주관과 소신이 뚜렷한 사람이었다. 나는 이런 K의 열정적인 모습이 멋있고 좋았다. 배울 점이 많은 친구라고 생각했다.

　그렇게 K와 조금씩 친해지면서, 개인적인 이야기도 하고, 몇 명이 따로 만나서 놀 만큼 친한 사이가 되었다. K의 다른 면모를 보게 된 것은 이때부터였다. 메뉴 하나를 정할 때도, K는 본인이 먹고 싶은 것을 꼭 선택해야 했다. 일반적으로 친구를 만나면, 식사 메뉴를 내가 정했으면, 디저트는 상대방이 먹고 싶은 것을 선택한다. 또는 처음부터 몇 개 후보 중에 서로의 의견을 조율하여 정하지 않는가. 그런데 K는 본인이 원하는 메뉴를 선택하지 않는 경우, 부정적인 말을 하며 계속 상대방을 불편하게 했다, 이를테면 "이건 케이크 시트가 퍽퍽하네.", "고기가 생각보다 질기네.", "여기 별로일 줄 알았어."라고 말이다. 같이 만나는 친구들이 하나 둘씩 불편함을 드러냈다. 나 역시 이런 태도가 편하지는 않았지만, K의 열정적인 모습이 나에게는 더 큰 비중을 차지하고 있었기 때문에 크게 개의치 않았다. 그냥 부정적인 말투가 습관이 된 사람이라고 생각했다.

　한번은 친구들과 함께 강릉으로 펜션을 잡아 3박 4일 여행을 가게 되었다. 펜션을 정할 때 약간의 의견 대립이 있었으나 친구들은 기분을 망치고 싶지 않았다. 후보 펜션들이 모두 비슷한 수준이었기 때문에 K가 원하는 펜션으로 예약했다. 긴 여행이 화근이었다. 아니, 지금 생각하면 하루빨리 K를 정리할 수 있는 고마운 여행이었다.

K와 하루 이상 함께하면서, K의 본모습을 적나라하게 겪게 되었다. 여행을 가면 모든 것이 선택이다. 점심, 저녁은 무엇을 먹을지, 어디를 어떤 순서로 방문할지, 예쁜 카페 중 어디를 갈 것인지 등 의견 조율이 전부이다. 다들 서울을 떠나 온 즐거움에 어딜가도 다 좋았다. 따라서 누구든 의견을 먼저 내는 사람이 정한 곳으로 갔고 재미있는 시간을 보냈다. 이 과정에 자기가 원하는 곳을 많이 가지 못한 K는 이틀째 저녁 폭발하고 말았다.

모두 씻은 후, 기분좋게 야시장에서 사온 음식을 펼쳐놓고 티비를 보며 수다가 한참이었다. 그때 K가 짜증이 섞인 목소리로 "너희는 오늘 재밌었어?"라고 말했다. 모두 깜짝 놀라 K를 쳐다보았다. K는 감정이 격해져 말을 쏟아내었다. 아침에 너희가 정한 A 카페 브런치 먹으러 갔는데 맛있었냐, 점심은 횟집으로 갔는데 싱싱했다고 생각하냐, 내가 말한 대로 다른 식당 갔으면 훨씬 좋았을 것 아니냐, 셋째 날 바닷가 가기로 했는데 왜 오늘 갑자기 가서 여분 양말도 없는데, 다 젖고 어쩌고저쩌고… 끊임없이 불만을 이야기했다.

그러면서, 너희 의견이 다 맞다고 생각하지 마라, 결과적으로 내가 말한 대로 선택했으면 훨씬 좋았을 것이라고 했다. 그동안 K와 함께 어울리면서 다들 조금씩 불만이 있었다. 그러나 분란을 만들기 싫어 양보하고 있었는데, 정작 K가 이렇게 말하니까 모두 황당하여 서로를 바라보았다.

참다못한 우리 중 한 명이 K에게 "너는 너와 다른 의견은 다 별로이고 틀렸다고 생각하지? 서로 의견이 다른 것이고, 다른 의견도 경험하면서 서로 알아가고 친해지는 것 아니냐? 넌 친구 없이 혼자 살아야겠다."라고 말했다.

K는 자라면서 상대방의 의견을 수용하고 인정하는 법을 배우지 못한 것 같았다. 우리가 하는 말이 단지 자기를 공격하는 말이라고 밖에 생각하지 않았다. 돌아오는 K 대답에 모두 할 말을 잃었다. "내가 한 선택을 따랐으면, 더 편하고 즐거웠을 것 아냐. 그럼 너희는 오늘 갔던 곳이 완벽하게 마음에 들었다는 거야? 너희가 한 결정보다 내가 말한 의견이 더 나은 것이란 걸 왜 인정 안 해?"

이 여행 이후, 우리 모두 K와 더 이상 함께하지 않았다. 어떤 상황에서도 자기 결정을 굽히지 않고 소신 있게 자기 계발 하던 멋있던 K 모습의 실체가, 상대방의 다름을 인정하지 못하고 자기주장만 하는 소통 불능의 사람이었다는 사실에 실망스러울 뿐이었다.

세상은 혼자 살아갈 수 없다. 서로 소통하고 인정하며 살아야 한다. 아무리 잘난 사람일지라도 독불장군처럼 행동한다면, 고립될 뿐이다. 상대방의 다른 의견을 수용하고 조율할 수 있는 사람이 진정으로 똑똑한 사람이 아닐까 다시 한 번 생각해보게 되는 경험이었다.

회사에서도 반드시 필요한 다른 의견에 대한 열린 자세

10여 년 넘게 회사생활을 하면서 여러 팀장님을 겪었다. 어떤 팀장님은 매우 객관적이며 윗분으로서 여러 의견을 수용하고 조율할 줄 아셨다. 따라서 이 팀장님이 결정하신 의견에 대해서는 팀원들이 반발심을 갖지 않았다. 설사 내 의견과 다른 의견이 결정되었다 할지라도, 여러 상황을 고려하여 최고의 선택을 하셨을 것이라는 믿음이 있었기 때문이다.

반면 지금 소개하는 L 팀장님은 완전 반대의 경우이다. 이 팀장님과 한 팀이 된 지 얼마 되지 않았을 때의 일이다. 회의 때, 팀장님께서 주제에 대해 자유롭게 의견을 말하라고 하셨다. 모두 다른 회의에서처럼 의견을 하나씩 말했으나, 팀장님의 표정은 점점 안 좋아졌다. 우리는 의견이 부족해서 팀장님께서 실망하셔서 그렇다고 생각했다. 따라서 어떻게든 다른 아이디어를 생각하기 위해 노력했다.

그중 한 과장이 의견을 추가로 제안하였다. L 팀장님은 생각하고 말한 것이냐며 핀잔을 주시더니, 바로 그 의견은 별로라고 말씀하셨다. 다른 팀원의 의견에 대해서도 그 의견이 정말 좋은 의견이라고 생각하냐며 잘못된 의견이라고 하셨다. 내 의견도 역시 좋지 않다며 끊어버리셨다. 우리는 순진하게도, 회의 준비를 성실하게 하지 않아 팀장님께서 화가 나신 것으로 생각했다.

그러나 한두 달 지내보니 이 팀장님은 답정너였다. 이 팀장님이 의견을 말하라고 하는 것은, '너희들의 다양한 의견을 듣고 잘 조율해볼게.' 의미가 아니었다. '내 마음속에 답이 있는데, 그 답을 맞혀봐. 이 답 아니면 다 틀린 답이야.'의 태도셨다. 매사가 이런 식이었다. 크고 작은 의견을 여쭤보시는데, 모든 답은 이미 팀장님이 결정해놓았다. 우리는 독심술을 하듯 팀장님의 마음을 읽어 답을 맞혀야 했다. 그분에게는 본인이 결정한 의견 외의 모든 의견은 다 틀렸고 부족한 생각이었기 때문이다. 그 후 이 팀장님의 회의 시간은 침묵의 시간이 되었고, 팀장님의 말에 반사적으로 'yes.'를 외치는 기계적인 참여가 되었다. 회의 태도가 불성실하다고 혼내셨지만, 독심술을 하는 것보다 차라리 쉬웠기 때문이다.

조직이 효율적이고 유연하게 운영되기 위해서는 리더가 본인과 다른 의견을 적극적으로 수용하고 인정하는 자세가 매우 중요하다는 것을 알 수 있는 사례이다.

우리는 가까운 사이일수록, 같은 조직에 있는 관계일수록 저 사람은 나와 의견이 비슷해야 한다고 무의식적으로 생각한다. 그렇기 때문에 가까운 사람, 나와 같은 팀의 사람이 다른 의견을 제시하면 더 서운하고 화가 난다. 상대방은 나와 전혀 다른 환경에서 살아온 사람이라는 것을 잊지 말자. 하물며 가족 간에도 생각이 다른데, 남은 오죽하겠는가. 나와 다를 수 있다는 사실을 인정해야 비로소 제대로 된 소통을 시작할 수 있다.

'다름'이라는 것은 나와 달라서 불편하고 짜증나는 것이 아니라, 그만큼 사회를 풍요롭고 다채롭게 해주는 중요한 요소라는 것을 잊지 말자.

공통의 관심사로
친밀감을 높여라

    어떤 사람은 처음 만난 사람과 쉽게 이야기를 시작하고, 대화를 이끌어 간다. 반면 어떤 사람에게는 처음 만난 사람과의 대화만큼 불편하고 어색한 일도 없다. 이 둘의 차이는 무엇일까? 전자는 쉽게 대화의 실마리를 찾는다. 처음 시작하는 대화의 주제를 거창하게 생각하지 않는다. 첫 대화인데 이미지가 가벼워질까 봐 고민을 하다 보면, 이야깃거리는 점점 보이지 않는다. 처음 보는 사람과 첫 대화인데 가벼운 대화 말고 어떤 대화를 할 수 있겠는가.

    가장 먼저 우리 눈에 들어오는 것은 상대방의 외모이다. 여기서 작은 것이라도 나와 공통점을 찾는다. 이를테면, 나도 귀걸이를 하고 있고, 상대방도 귀걸이를 하고 있다. 바로 '귀걸이'가 대화의 물꼬를 터주는 소재가 된다. "귀걸이 예쁘네요, 어디서 사셨어요? 저도 그런 스타일 사고 싶었거든요."라고 말이다. 그렇게 말을 먼저 건네기 시작하면, 상대방은 생각보다 많은 이야기를 늘어놓는다. 다른 귀걸이를 사러 갔는데, 없어서 이 귀걸이를 샀다든지, 어느 쇼핑몰에 예쁜 귀걸이가 많더라와 같이 말이다.

대화가 길어지면, 어느새 귀걸이가 아닌 다른 주제로 이야기의 흐름이 넘어간다. 그렇게 되면, 그 사람의 성격이나 취미 등 더 많은 정보를 알게 되고, 나와의 공통점을 더 많이 발견할 수 있다. 그렇게 찾은 또 다른 공통의 관심사로 대화를 이어간다.

이렇게 대화를 할 때, 공통의 관심사를 발견하고 이것을 중심으로 계속 이야기 흐름을 연결을 시키면, 상대방은 나를 '잘 통하는 사람', '나와 코드가 잘 맞는 사람'으로 생각한다. 빠르게 경계심을 허물고 친밀감을 느끼게 된다.

공통의 관심사로 처음 본 사람과 두 시간 대화한 사례

친구와 분당의 모 카페에서 만나기로 했다. 약속 장소로 가던 중 친구가 연락이 왔다. 동생이 넘어져서 팔을 다쳐 병원에 데리고 가야 한다는 것이었다. 엄마가 올 때까지 함께 있어야 하므로, 두 시간 정도 늦는다고 했다. 다른 날짜로 약속을 옮겨도 된다고 했으나, 나만 괜찮다면 만나자고 했다. 두 시간이면 책을 읽어도 되고, 못 봤던 영화를 볼 수 있으니 기다리는 것은 전혀 문제가 되지 않았다.

카페에 들어갔다. 아뿔싸. 하필 오늘 작은 가방을 들어 책을 들고 오지 않았다. 그럼 영화를 봐야지 했는데, 충전기를 가져오지 않았다. 핸드폰 배터리가 얼마 남지 않았기 때문에 볼 수 없었다. 두 시간을 어찌 보내나 난감했다. 주변이 쇼핑몰이 있어서 두 시간 동안 쇼핑을 할 수 있는 것도 아니고, 모르는 동네라 어디에 무엇이 있는지 잘 알지도 못했다. 그렇게 난감해하고 있는데, 촉촉한 무언가 내 다리에 닿았다. 새끼 푸들이 냄새 맡느라 코가 내 다리에 닿았던 것이다. 너무 귀여워서 등을 쓰다듬어주었다.

잠깐 내 이야기를 하자면, 아주 어릴 때부터 거의 30년 동안 흰 푸들만 4마리를 키운 애견인이다. 두 마리는 아파서 일찍 하늘 나라로 갔고, 두 마리는 15살 넘게까지 장수했다. 그래서 나의 강아지 사랑은 정말 특별하다. 화가 나다가도, 강아지 사진만 보면 바로 흐뭇한 미소가 나온다. 눈에 보이는 모든 강아지가 사랑스럽고 예뻐서 어찌할 바를 모른다. 더욱 그런 이유는, 마지막 강아지를 떠나보낸 후, 너무 마음이 힘들어서 우울증까지 왔다. 그러나 아직도 헤어질 때의 고통을 덤덤하게 감당할 자신이 없다. 마음 한 켠에는 매일매일 강아지를 너무 원하고 절실하다. 그러나 아직 마음의 준비가 되지 않았기 때문에 키우지 않는다. 따라서 나의 '강아지 애정 결핍'은 매우 심한 상태이다.

이런 나에게 새끼 푸들이 왔으니, 난 이미 아무것도 보이지 않았다. 안아주고 싶었으나 주인의 허락이 필요했기 때문에, 주인을 찾았다. 주인은 옆 테이블에 아주머니셨다. 산책 나오신 김에 카페에 들러 커피 한잔 마시고 계셨던 것이다. 나는 강아지 눈이 너무 예쁘다며, 몇 살인지 먼저 말을 건넸다. 아주머니 역시 처음에 이 강아지의 눈이 크고 예뻐서 첫눈에 반하셨다고 했다.

그렇게 이야기가 시작되었다. 내가 왜 지금은 강아지를 키우지 않는지 말씀을 드렸을 때, 너무 공감해주셨다. 아주머니 역시 몇 년 전 키우던 반려견을 떠나보낸 후 헤어지는 것이 너무 두려워 5년간 다시는 강아지를 키우지 않겠다고 다짐하셨다고 한다. 그러다 다시 키우게 된 강아지가 이 강아지였다. 이야기는 강아지와의 이별 경험에서 왜 강아지가 아팠는지, 병에 대한 주제로 옮겨졌다. 그러다 공통적으로 아팠던 부분이 나왔고, 어떤 증상을 보였고, 얼마나 마음이 아팠는지 이야기했다. 잘하는 동물병원도 추천해드렸다. 그 후, 어떻게 지금 키우는 강아지를 만나게 되었는지, 새끼 강아지를 키울 때 조심해야 할 점, 인기 강아지 유튜브 채널 공유 등 이야기는 꼬리에 꼬리를 물고 계속되었다. 그렇게 이야기 하다 보니 친구가 도착할 시간이 되었다.

이렇게 이야기할 수 있는 것은 비교적 낯가림이 없는 나의 성격과, 나의 대화에 마음의 문을 열고 다가와 주신 아주머니 영향도 무시할 수 없다. 그러나 만약 내가, 아주머니의 관심사와 다른 주제로 말을 건넸다면, 이렇게 스스럼없이 길게 즐겁게 이야기를 이어갈 수 있었을까. 상대방과 밀접하게 관련 있는 관심사를 주제로 정하고 공감하는 것이 친밀감을 높일 수 있는 가장 쉬운 방법이다.

회사의 공통 관심사

하루 중 가장 많은 시간을 보내는 직장에서 가장 큰 공통의 관심사는 무엇일까. 바로 상사일 것이다. 특히 상사가 악명이 높을수록 그분으로부터 살아남기 위한 가장 강력하고 공통된 관심사가 생긴다. 그 어느 때보다 팀원들은 똘똘 뭉치고 결속력은 최고가 된다.

팀원 괴롭히기로 유명한 팀장A의 팀일 때, 너무 힘들었다. 이직을 결심할 정도로 한계에 다다랐었다. 그러나 지금 생각해보면, 그때만큼 팀원들과 결속이 잘되고, 서로 챙겨주고 응원해준 팀도 없었다. 그래서 버틸 수 있었다.

바쁘게 일을 하다 보면, 따로 부탁을 받지 않는 이상 남의 것을 따로 챙겨보는 여유가 없다. 그러나 팀장 A 아래에서는 모두가 하나였다. 서로 누구 일인지 상관없이 안 되어 있으면 챙겨주었다. 누군가 팀장의 괴롭힘 타깃이 되어 있으면 어떻게든 도움을 주기 위해 애쓰고, 위로해주었다. 이렇게 끈끈한 팀을 그 이후로는 만나지 못했다. 지금도 그때 한 팀이었던 팀원들을 만나면 각별한 마음이 든다.

공통된 관심사로 친밀감이 높아진 슬픈 사례이지만, 직장인들은 매우 공감할 것으로 생각한다.

공통된 관심사로 친구를 사귀게 된 사례

친구의 생일이었다. 친한 무리끼리 모여 여러 번 생일파티를 했던 기존과 달리, 이번에는 모든 친구들이 한자리에 모여 생일파티를 했다. 따라서 대부분 모르는 사람들이었다. 친구 생일 축하를 위한 공통의 목표를 가지고 모인 자리였기 때문에, 서로 기본적으로 친밀감과 즐거움이 깔려 있었다. 모르는 사람과도 대화하고 친목을 다지는 분위기였다. 그러나 한 사람과 길게 이야기하는 것이 어디 쉬운 일인가. 여러 명과 이야기했으나 더 알아보고 싶은 친구를 만나는 것은 쉽지 않았다. 오늘 모두 행복한 시간을 보내면 그뿐이었다. 나 역시 그렇게 마음먹고 가볍게 인사하고 즐기고 있었다.

그러다 한 친구를 만나게 되었다. 생일파티 때, 나는 약을 먹고 있어 술을 마시지 못했다. 그런데 이 친구도 얼마 남지 않은 멀쩡한 사람 중

한 명이었다. 이 친구 역시 한약을 먹고 있어 술을 마시면 안 된다고 했다. 무슨 한약인지, 어디가 아픈지 이야기가 시작됐다. 이 친구가 먹는 한약이 내가 다니던 한의원에서 지은 것이었다. 그렇게 서로 반가워하며, 한의원에 대해 이야기하게 되었고, 한의원 근처 맛집으로 이야기가 옮겨졌다. 곧 다른 동네 맛집으로 주제가 넘어간 후 다이어트로 이야기가 넘어갔다. 운동 이야기를 하다가 자전거 타기가 이 친구와 나의 공통 취미라는 것을 알게 되었다.

나는 자린이로서 이제 흥미를 붙이고, 장비를 구입해야 하는 단계였다. 내 머릿속의 일부분은 자전거로 가득했다. 이 친구는 주말마다 왕복 4~5시간을 싸이클 타는 친구였다. 나는 눈이 반짝반짝해졌고, 이 친구의 자전거 이야기를 너무 신나게 들었다. 그런 나의 모습에, 이 친구도 신이 나서 처음 자전거 탔을 때부터 최근까지 이야기를 술술 풀어놓았다. 한 시간 넘게 이야기를 하다 보니 서로 공통점도 많고 잘 맞는다는 생각이 들었다. 이 친구는 나에게 주말에 같이 자전거 타자고 제안했고, 나도 흔쾌히 수락하였다.

단순히 공통의 관심사로 시작된 이야기가, 지금까지 인연으로 이어지고 있다. 바빠서 자주 만나지는 못하지만, 시간이 날 때면 함께 자전거 타는 자전거 메이트가 되었다.

한 명은 신나서 계속 이야기하고, 한 명은 일방적으로 계속 끄덕이기만 하고 있다면 성공적인 대화라 할 수 있을까? 공통의 관심사가 전혀 없는 대화는 10분이 한 시간처럼 길게 느껴질 것이다.

진정한 대화란 쌍방이 함께 이야기에 관심이 생겨, 내용을 주고받아야 한다. 그렇게 이야기가 이어지고, 서로에 대해 친밀감이 생긴다. 마음의 벽이 조금씩 허물어져, 더 친해질 수 있는 다음 단계로 넘어갈 수 있는 발판이 마련되었다면 제대로 대화한 것이다.

아무리 작은 공통점이라도 좋다. 먼저 말의 물꼬를 트자. 그 후 이야기 중에 상대방과의 또 다른 공통점을 찾자. 대화에 집중하고 상대방을 면밀히 관찰하는 노력을 하자. 결국 상대방은 나와 공감대를 형성하고 친밀감이 높아질 것이다.

03

평정심을
유지하라

　평정심이란 외부의 어떤 자극에도 동요되지 않고 편안한 감정을 유지하는 마음을 뜻한다. 평정심을 유지하는 것은 원만한 인간관계와 안정적인 사회생활을 하는 데 매우 중요한 요소이다. 사람은 자신의 가치관에 어긋나는 상황에 대해 쉽게 화가 나거나 흥분하기 때문이다.

　상대방이나 상황이 항상 내가 원하는 모습으로만 존재한다면 얼마나 삶이 수월하겠는가. 하지만 현실은, 내가 원하는 대로 외부 환경이 준비되어 있지 않다. 따라서 상대를 비난하거나, 공격적인 태도가 나오기도 한다. 또한, 나 자신조차 마음대로 되지 않는 때도 있다. 진정으로 원하는 것은 무엇인지, 깊은 내면은 어떤 생각을 하고 있는지 모르기 때문에, 불안, 우울, 자신에 대한 불신과 같은 형태로 마음에 지진이 일어나기도 한다. 따라서 평정심을 유지하기 위해서는 상대방을 향한 것과 나를 향한 것 둘 다 바라보고 이해하기 위해 노력해야 한다.

부부 관계, 부모 자식 관계, 친구와의 관계, 직장 동료와의 관계 등 우리는 각자 다양한 관계를 맺고 있다. 여러 관계들을 문제없이 유지하기 위해서는 소통이 매우 중요하다. 사용하는 말투, 억양, 표정, 대화 내용이 앞으로 관계가 긍정적으로 발전할지, 좋지 않은 인상을 남기는 사이가 될지 결정하게 된다. 따라서 말투, 억양, 표정 등에서 상대를 배려하며, 공감하는 모습을 보여야 한다.

이런 긍정적인 태도는 나의 마음으로부터 나온다. 내 마음이 안정적이면, 상대방 입장에서 바라볼 수 있는 여유가 있고, 이해하기 위해 노력한다. 반면, 내 마음이 불만으로 가득하거나, 매사에 부정적이면, 상대방의 어떤 말도 삐딱하게 들리고 예민해진다.

따라서 대화할 때 평정심을 유지하기 위해서는 우선 내 마음이 안정적이어야 한다. 감정의 요동침이 없이 잔잔한 상태로 상대를 바라보아야 한다. 그래야만 선입견도 줄어들고 논쟁이 아니라 대화를, 갈등이 아니라 협력을 이끌 수 있다.

갈등의 상황에서 잠시 벗어나 머릿속을 환기하자

서로의 입장을 이야기하다 논쟁이 되는 경우가 있다. 감정이 점차 격해지고, 급기야 누군가의 목소리가 높아진다. 이렇게 고조되는 갈등 상황에서는 이성적인 판단이나, 논리적인 대화가 불가능하다. 서로가 스트레스를 받는 상태이므로 감정 통제가 제대로 이루어지지 않는다. 비꼬는 말, 비판하는 말 등 하지 않아도 될 말로 인해 상황은 더욱 악화될 뿐이다. 따라서 내 감정을 추스르고, 상황을 객관적으로 바라보는 잠깐의 여유가 필요하다. 갈등이 발생한 자리에서는 흥분된 감정에서 쉽게 빠져나오기 힘들다.

따라서 잠시 밖으로 나와 걷거나, 혼자만의 공간에서 음악을 듣는 등 나만의 방법으로 감정을 다독여야 한다. 어느 정도 흥분이 가라앉았을 때, 비로소 상황을 여유 있고 이성적으로 바라볼 수 있다. 상대방이 그런 말을 하게 된 이유, 내가 실수한 부분, 상대에게 서운한 부분, 문제를 해결하기 위해 해야 할 행동 등 생각이 정리된다. 동시에 한 발짝 떨어져 상황을 보게 되므로, 몇 분 전까지만 해도 굉장히 심각한 상황이라고 생각했던 일이, 사실은 그렇게 큰일이 아니었음을 알 수 있다. 따라서 감정이 조금 가벼워지고 객관적으로 상황을 볼 수 있게 된다.

몇 년 전 친한 친구 세 명과 함께 해외여행을 가기로 했다. 넷이 처음으로 하는 여행이라 우리는 계획을 세우는 것만으로도 설레고 즐거웠다. 여행할 나라를 정하는 데 꼬박 5일이 걸렸다. 서로 가고 싶은 나라를 정리한 뒤, 공통으로 나온 나라를 정리하여, 그중 한 개 나라를 결정했다. 네 명이 모두 만족하고 기분 좋은 선택을 하기 위해 최대한 모두의 의견을 반영하고 조율했다. 물론 의사 결정 중에 조금 더 양보하는 사람과 그렇지 않은 사람이 있었지만, 모두 즐거운 여행을 눈앞에 두고 부딪히는 것을 원치 않았으므로 개의치 않았다. 여행지에 가서 무엇을 먹고, 경험할 것인지 결정하는 데, 시간은 더 오래 걸렸다. 서로 기대가 큰 만큼 각자 친구들과 하고 싶은 일도 다양했다. 여행지 일정 정리는 점점 늦어졌다. 휴가철이라 빨리 방문지와 식당을 예약해야 했으므로, 불안해진 우리는 무조건 최종 결정한다는 마음으로 다 함께 한 친구 집에 모였다.

K가 두세 개만 양보해도 쉽게 정리될 텐데, K는 그럴 생각이 없었다. K가 하고 싶은 일을 하나라도 조율하려고 하면, 관련 후기나 동영상을 보여주며 꼭 해야 한다고 주장했다. 물론 친구들과 재미있는 추억을 만들기 위한 마음에서 하는 행동이라는 것은 알고 있었지만, 나와 다른 친구들은 화가 나기 시작했다.

6년 넘게 알고 지낸 사이인데, 이렇게 배려 없는 모습을 처음 본 우리는 당황스러웠다. 또한 호텔을 결정할 때도, K의 강력한 주장에 다른 친구가 양보하여 결정한 터라, K도 양보를 해야 한다는 것이 모두의 생각이었다. 이렇게 여러 감정이 복합적으로 어우러져 분위기는 점점 안 좋아졌다. 참고 있던 한 명이 K에 대한 불만을 터뜨렸다.

친구는 K에게 "네 마음대로 할 거면 혼자 여행해."라고 날카롭게 쏘아붙였다. 그러자 다른 친구도 K 때문에 불편했던 점을 쏟아내었다. 또한 K는 친구들이 본인이 제안한 일정만 양보하게 한다고 생각하여 서운하다고 했다. 이 이야기를 들은 친구들은, K의 뻔뻔함에 더욱 화가 치밀었다. 누구 하나 말을 더하면 할수록 상황은 점점 악화되었다. 이때 한 친구가 전화를 받으러 나가면서, 자연스럽게 각자 생각할 시간을 갖게 되었다. 누구는 베란다로 가서 바람을 쐬었고, 누구는 부엌으로 가 커피를 탔다. 나는 밖으로 나가 걸었다. 10분 정도 걸으니 흥분했던 기분이 좀 나아지면서 상황에 대해 다시 생각해보았다.

친구들 모두 여행 가서 즐겁게 지내고 싶은 간절함은 같았다. 그래서 각자 본인 기준으로 좋은 선택지를 제시하는 중에 주장이 강한 K에게 화가 났다. 그리고 이기적이라고 생각했던 K에게 우리도 잘못했음을 알았다. K에게 다짜고짜 쏘아붙일 것이 아니라 "호텔은 너의 의견을 반영했으니, 일정 중 한두 개는 양보해주면 어때?"라고 말했으면 상황이 이렇게까지 나빠지지 않았을 수 있겠다는 생각이 들었다. 조금 전까지만 해도 K를 빼든지 여행을 취소시켜야 하는 최악의 상황으로 생각했다. 그러나 멀리서 상황을 관망해보니, K도 우리도 잘못했다. 서로 사과하고, 다시 잘 이야기하면 될 일이었다.

잠시 쉬었다가 만난 우리는 모두 아까와 같은 흥분의 상태가 아니었다. 그리고 각자 비슷한 생각을 했던 것 같다. K는 너무 신난 나머지 자기주장만 한 것에 대해 사과했다. 또한 다른 친구도 싸울 듯한 말투로 말한 것에 대해 K에게 사과했다. 서로 악의가 없음을 알기 때문에 아까의 분위기는 금세 잊혔다. 언제 그랬냐는 듯 우리는 여행 계획을 세우며 다시 즐거운 기대로 가득해졌다.

이렇게 당장 코앞에서 바라보면 너무 크고 힘든 일도, 멀리 떨어져서 본다면 생각보다 큰일이 아닌 경우도 많다. 감정이 안정적으로 되고, 객관적인 시선으로 보게 되면서 이성적으로 상황을 판단할 수 있기 때문이다.

'내가 상대방이라면 어떨까.' 생각해보자

하루는 시어머니로 스트레스가 심한 친구가 하소연했다. 시어머니께서 고관절 수술을 하셨는데, 다른 곳 수치도 좋지 않아 한 달 넘게 병원에 입원 중이시라고 했다. 자식, 며느리 번갈아 가며 매일 병문안을 가는데, 갈 때마다 불만과 불평이 너무 심하셔서 힘들다고 했다. 퇴근하고 아무리 피곤해도 단 5분이라도 문안 인사를 가는데, 수고한다는 말씀 없이 짜증만 점점 늘어나 병문안 가는 것이 고역이라고 했다. 친구도 시어머니께 자꾸 서운한 말이 나온다고 했다.

이 이야기를 들은 나는 "한 달 넘게 계신다고? 엄청 답답하시겠네, 활동적인 분이셨잖아."라고 말했다. 내 말을 들은 친구는 "그렇지? 우리 시어머니 수영하고 등산하시고 엄청 활동적이시지."라고 말하더니 순간 무슨 생각을 하는 것 같았다. 며칠 후 친구랑 통화를 하게 되었다. 친구는 이제 시어머니가 짜증을 내셔도 내가 해준 말 덕분에 전만큼 화가 나지 않는다고 했다. 나는 친구에게 시어머니 짜증에서 벗어나는 방법을 설명한 적이 없는데 무슨 말인지 어리둥절했다.

친구의 말은 이러했다. 내가 시어머니가 활동적인 분이었다는 사실을 생각나게 해주었고, 요즘 시어머니를 다시 생각해보게 되었다고 한다. 하루에도 운동을 아침, 저녁 두 번씩 하시는 분이 한 달 넘게 병원에 누워만 계시니 얼마나 답답하실까, 나라도 정말 답답하겠다는 생각이 들었다. 그리고 시어머니 짜증에 이전처럼 서운하지 않는다고 했다.

많은 사람이 대화할 때, 보통 자신의 입장과 생각을 기준으로 판단한다. 따라서 상대방의 말이나 행동이 이해되지 않을 때가 있다. 그러나 우호적인 관계를 유지하고 의사소통이 잘되기 위해서는 상대방을 이해하고 공감할 수 있어야 한다. '내가 상대방이라면 어땠을까?' 생각해보자. 그러면 나의 입장만 고려한 일방적인 요구와 비난에서 벗어나게 되므로, 논쟁이 생기고 감정의 골이 깊어지는 것을 방지할 수 있다. 보다 우호적이고 협력할 수 있는 관계가 될 것이다.

즉각적이고 감정적인 표현은 결국 상황을 악화시킨다. 설사 상대방에게 화를 낼 만한 상황이라고 이해가 될지라도, 이미 격양된 분위기는 돌이킬 수 없다. "급할수록 돌아가라."라는 속담이 있다. 급하게 일을 처리하다 보면 실수가 잦아지므로 여유를 가져야 한다는 의미이다. 마찬가지로, 상대방에게 너무 화가 나 공격하고 싶은 경우도 마찬가지이다. 욱하는 감정을 바로 드러내기보다, 한 박자 쉬어가는 여유를 가져야 한다. 흥분상태에서는 더 큰 말실수가 생기고, 이에 따라 상황은 처음보다 더 나빠질 수 있기 때문이다.

어떤 상황에서든 항상 평정심을 유지할 수 있는 나만의 방법을 찾고 마음의 여유를 갖자. 특히 기분이 좋지 않은 경우라면, 의도적으로 감정의 휴식 시간을 내어 상대방의 입장을 헤아리고, 나의 감정도 바라보며 마음의 평화를 찾을 수 있도록 노력해보자.

04

절대 설득하려고
하지 마라

우리는 여러 관계 속에서 다양한 역할을 하며 살아간다. 관계가 잘 유지되기 위해서는 서로 기분 좋게 소통이 이루어져야 한다. 그러나 서로의 의견이 항상 일치하는 것은 아니기 때문에, 설득을 통해 내가 원하는 방향으로 의사 결정을 해야 하는 경우가 있다. 이 과정은 생각처럼 쉽지 않다. 상대방이 본인의 가치관이나 상황을 고려하기보다, 나를 위해 관점을 바꾸고 양보해야 하기 때문이다. 이런 경우 조심스럽고 세심한 대화의 태도가 필요하다. 상대방이 나와 생각이 다를 수 있다는 존중과 예의가 빠진 설득은, 설득이 아니라 강요일 뿐이기 때문이다.

상대방을 설득한다고 생각하지만, 사실은 강요하고, 상대에게 위압감을 주며 원하는 대로 조정하고 결정하려는 경우가 있다. 급한 마음에 내 입장만 대충 빨리 설명하고, 상대방이 당장 답해주기를 원하며 재촉하는 분위기를 만들기도 한다. 이런 경우, 상대방은 '내가 당연히 할 것으로 생각하는 건가?'라며 반감을 갖게 된다. 불만이 생기고 상황은 더 악화할 수 있다. 따라서 부드럽고 차분한 목소리로 상대에 대한 존중의 태도를 보여야 한다. 상대가 원하는 만큼, 알고 싶어 하는 내용을 충분히 설명하고, 생각할 수 있는 시간을 주어야 한다. 그래야만 갈등을 최대한 줄이고 협력을 얻어내는 대화가 될 수 있다.

자신의 위치가 상대방보다 우월하다고 생각하는 경우, 본인이 원하는 결정을 하기 위해, 미리 답을 정해놓는다. 이것은 강압적인 태도의 직장상사에게서 종종 볼 수 있는 태도이다. "역시 넌 내가 예상한 대로구나. 네가 그렇게 답할 줄 알았어."라고 하며, 너를 평가하는 내가 볼 때 너는 전혀 성장하지 않았고, 결정이 마음에 들지 않는다는 분위기를 드러낸다. 조직에서 나의 평가에 가장 큰 영향을 미치는 상사가 저렇게 말을 하는 경우, 이직을 결정하지 않은 이상 처음의 결정을 고수할 수 있는 사람이 몇이나 있을까.

오랜 직장생활을 하면서 기억에 남는 극명하게 비교되는 두 분의 팀장님이 계신다. 똑같은 업무를 지시하더라도, C 팀장님께서 말씀하신 일은, 더 열심히 하려고 노력하게 된다. 반면 J 팀장님의 경우, 추가된 일에 대한 반감이 먼저 생긴다. 두 분의 차이점은 무엇일까?

강요를 설득이라고 착각하는 팀장님 사례

먼저 J 팀장님의 경우, 강요하고, 상대방을 무시하는 태도와 말투가 그녀의 상징이 될 만큼 대화의 기본 자세가 갖춰져 있지 않은 분이다. 어느 날 의사 결정할 중대한 사안이 있다며 팀 회의를 소집하셨다. 회의 주제는 세 가지 안건 중 우리 팀에 가장 도움이 될 방법을 결정하는 시간이라고 하셨다. 우리는 J 팀장님으로 바뀐 지 얼마 되지 않았기 때문에 어떤 분인지 파악되기 전이었다. 따라서 각자 팀에 더 도움이 되는 방법은 무엇인지 고민하고, 왜 그렇게 생각하는지 근거도 준비하며 회의 준비를 열심히 하였다.

회의 시간이 되었다. 팀원들의 의견을 듣기 전 팀장님이 먼저 "나는 첫 번째 안건이 괜찮은 것 같은데, 나 신경 쓰지 말고 모두 편하게 의견 이야기해요."라고 말씀하셨다. 이미 팀장님께서 첫 번째로 결정하셨다는 것을 알게 된 우리는 쉽게 다른 의견을 말하기 어려웠다. 그때, 팀원 한 명이 다른 안건이 더 나은 것 같다고 용기 있게 발표했다. 그러자 팀장님께서 "평소에 소심한 성격이라 두 번째 안건을 선택할 줄 알았다."라고 말씀하셨다. 회의 주제와 상관없는 내용, 즉 팀장님께서 발표자를 평소 어떻게 생각하고 있었는지까지 말씀하시자, 회의 분위기는 급격히 안 좋아졌다. 예상대로 팀장님이 결정하신 첫 번째 안건으로 결정되었다. 회의를 마무리하면서 팀장님께서 "모두 다른 의견을 제시하거나, 첫 번째 안건에 대한 반대 의견이 없으므로, 첫 번째 안건으로 결정하겠다."라고 말씀하셨다.

J 팀장님의 회의 시간은 서로 의견을 제시하고, 설득, 조율하는 시간이 아니었다. 회의 없이 강압적으로 결정했다는 것이 알려지면 본인 이미지에 안 좋은 영향을 미칠 수 있으므로, 어쩔 수 없이 진행하는 형식적인 회의였다.

더욱 놀라운 것은, 회의 시간에 다른 의견을 발표한 팀원이 팀장님께 한 달간 조용히 괴롭힘을 당하고 있었다는 것이다. 이 사실을 뒤늦게 알게 된 우리는, 더 이상 회의 준비를 하지 않았다. 조용히 앉아 있다가, 팀장님이 결정하면 따를 뿐이었다. 또한 강압적으로 결정되었기 때문에, 전혀 동기 부여가 되지 않았다. 설사 팀장님 선택이 우리 팀에 가장 도움이 되는 방법이라 할지라도 이미 생겨버린 반감은 쉽게 없어지지 않았다. 따라서 팀원들은 시키니까, 어쩔 수 없이 한다는 태도를 갖게 되었고, 팀 분위기도 당연히 가라앉게 되었다.

의견을 말할 수 있도록 편한 분위기를 만들어주시는 팀장님 사례

반면 C 팀장님은 J 팀장님과는 반대였다. 우선 회의를 잡기 전 왜 이 회의를 해야 하는지 이유를 설명해주셨다. 회의 전 일어난 일들을 알지 못하면, 동기 부여가 되지 않는다고 생각하셔서, 간략하게라도 꼭 배경을 설명해주신다. 따라서 팀원들은 "바쁜데 또 회의야?"가 아니라, "회의에서 좋은 결정이 내려졌으면 좋겠다."라는 마음가짐으로 회의에 참석한다.

또한 회의할 때, 절대 본인이 먼저 말씀하지 않으셨다. 팀원들이 팀장님 눈치를 보면, 좋은 의견이 나올 수 없다고 생각하기 때문이다. 의견을 결정할 때, 서로 기분 좋게 합의되지 않으면, 일하기 싫어진다는 것이 팀장님의 생각이었다. 팀장님 역시 팀원일 때 강압적인 팀장님을 만나 '어쩔 수 없이 한다'는 생각으로 일했다고 한다. 이것이 얼마나 감정적으로 힘들고, 업무 효율이 떨어지는 것인지 경험해보았기 때문에 잘 아신다고 했다. 팀장이 되면 강압적으로, 팀장의 위치를 이용하여 의견을 결정하지 않을 것이라고 다짐하셨다고 했다.

팀원들이 의견을 이야기할 때 중간에 끊지 않고 끝까지 들어주셨다. 그 후, 여러 가지 궁금한 점을 물어보시는데, 말투나 태도가 강압적이지 않다. 진짜 궁금한 점을 물어보신다는 생각이 든다. 이렇게 팀장님께서 경청해주시고, 의견을 존중해주니, 팀원들 또한 팀장님께서 다른 의견을 제시하시는 것에 대해 전혀 기분 나빠하거나 부담을 느끼지 않았다. 우리 역시 팀장님의 의견을 경청하고, 서로의 의견을 조율하여 가장 좋은 의견을 선택하기 위해 노력했다. 이렇게 선택한 의견을 바탕으로 업무를 진행하기 때문에, 더 잘해야 한다는 책임감이 생긴다. 그리고 발전적인 의견을 가감 없이 이야기함으로써 팀의 분위기는 물론 업무 성과도 점차 좋아졌다.

고민을 도와준다고 착각하는 상대방 결정 통제하기 사례

우리가 상대방과 의견이 다른 경우, 절대 하지 말아야 할 행동이 있다. 상대방을 생각해주는 척하며 상대의 말과 행동을 조정하려는 행동이다. "내가 너를 잘 알잖아, 그래서 하는 말인데…"라며 자신의 의도대로 상대의 결정을 통제하려고 한다. 저 말은 들은 경우, 상대방과 반대되는 의견을 선택하면, 나를 생각해주는 상대방에 대해 미안함과 불편함을 느끼게 된다. 따라서 소신껏 결정하는 데 방해가 된다. 의도적이든 의도적이지 않든 친절함 속에 교묘하게 자기 생각을 강요하게 되는 결과가 된다.

많은 사람들이 이런 행동이 상대방의 의사 결정 과정에 부담을 줄 수 있다는 사실을 종종 간과한다. 잘 생각해보자. 상대방이 선택하는데 도움이 되기 위한 순수한 마음으로 저렇게 말했는가? 진심으로 상대방이 의사 결정을 잘하기를 원한다면, 생각을 정리하기 전까지 다른 의견을 말하는 것은 혼란을 가중할 뿐이라는 것을 알아야 한다. 특히 가까운 사이일수록 더 많은 영향을 받게 된다.

친구 두 명과 새로운 취미를 배워보자며, 논의 끝에 승마와 꽃꽂이 두 개로 후보가 좁혀졌다. 나와 한 명은 꽃꽂이가 더 하고 싶었다. 그러나 나머지 한 명이 둘 다 하고 싶다며 선택하지 못하고 있었다. 이때 우리는 친구가 고소공포증이 있다는 사실이 생각났다. 우리는 친구가 걱정되었다. "너 고소공포증 있잖아. 고소공포증 있는 사람이 말 타면, 생각보다 높아서 꽤 무섭대. 떨어져 다칠 수도 있대."라고 말했다.

이 말을 들은 친구는 한참을 고민하던 선택을 얼마 지나지 않아 꽃꽂이로 선택했다. 물론 고민하는 친구에게 고소공포증에 대해 말할 때, '친구가 꽃꽂이를 선택하도록 마음을 바꾸겠다.'라고 작정하고 말한 것은 아니다. 그러나 이 말 한마디에 친구는 꽃꽂이로 마음을 굳혔다. 어쩌면 친구는 '내가 고소공포증이 있지만, 승마를 배우면서 극복해봐야지.'라고 생각했을 수도 있고, 활동적인 취미활동이 하고 싶어 고민을 한참 했을지도 모른다. 그러나 자기를 잘 아는 친구들이 한 말을 듣고, 결국 친구가 원하는 선택을 하게 되었다.

만약 우리가 정말 친구를 생각했다면 시간이 좀 걸리더라도, 친구가 원하는 선택을 할 때까지 가만히 있어야 했다. 그 친구의 선택이 승마라면, 둘 다 배우는 방법을 선택하든, 승마장을 방문할 다른 날짜를 정하든 해야 했다. 그러나 의도하지 않았지만, 결국 친구의 생각을 조정하는 결과가 되었다.

'절대 설득하려고 하지 마라'는 것은 논리적 설명과 존중의 태도가 결여된 상태에서 상대방의 의사 결정을 독촉하는 것을 하지 말라는 의미임을 이제 알 것이다. 상대방과 의견이 다른 경우, 내가 원하는 결과를 얻기 위해 무작정 설득해서는 안 된다. 이것은 설득이 아니라 강요이기 때문이다. 무조건 상대방의 의견에 동의하라는 말이 아니다.

우선 상대방에게 나의 의견을 왜 선택해야 하는지 충분히 설명한 후, 상대방이 고민하고 선택할 시간을 주어야 한다. 또한 상대방이 의사 결정하기 전 나의 의견을 먼저 표현하거나 그의 생각에 영향을 미칠 수 있는 말과 행동은 하지 않도록 하자. 또한 나와 다른 선택을 했어도 서운함과 기분이 나쁨을 표현해서는 안 된다. 의견은 언제든지 다를 수 있음을 인정해야 한다. 이렇게 상대방에 대한 존중과 배려의 태도를 보인다면, 상대방은 나에게 좋은 인상을 받게 될 것이다. 따라서 설사 이번엔 나와 다른 의견을 가진 상대방일지라도, 다음엔 내 편이 되어줄 수 있는 협력 관계가 될 수 있음을 기억하자.

05

니즈 파악이
핵심이다

우리의 삶은 매 순간순간이 의사소통으로 이루어져 있다고 해도 과언이 아니다. 의사소통하는 가장 근본적인 이유는 무엇일까? 바로 원하는 바를 표현하고, 해결하기 위함이다. 나의 감정과 욕구, 의견을 표현하는 것은 말로써 뿐 아니라 보디랭귀지, 표정 등 다양한 방법을 통해 가능하다. 상대방은 나의 다양한 표현을 통해 니즈를 파악하고, 이를 해결해주기 위해 행동한다. 나 또한 상대방이 원하는 것, 말하고자 하는 바를 빠르게 파악하여 행동한다. 이렇게 서로의 의도와 욕구를 파악하는 것은 상대방의 신뢰를 얻고 관계를 더욱 발전시키는 데 매우 중요하다.

상대방이 원하는 것을 파악하기 위해서는 언어와 비언어적 메시지 둘 다 세심하게 관찰하는 것이 중요하다. 비언어적 메시지의 경우, 오랫동안 알고 지낸 관계이거나 가까운 사이일수록 알아차리기 쉽다. 평소 생활 습관이나 표현을 이미 알고 있기 때문이다. 처음 만난 사이의 경우에는 보편적으로 분석된 행동의 의미, 예를 들어 팔짱을 끼고 있으면, 아직 마음을 열지 않았다거나, 턱을 괴고 있다면 지루하다는 의미와 같은 내용을 통해 상대방의 행동이 의미하는 바를 추측하여 무엇을 원하고 있는지 파악해야 한다.

언어를 통해 파악하는 경우 처음 만난 사이라도 어느 정도 의도, 성향, 생각 파악이 상대적으로 쉽다는 장점이 있다. 대신 사람의 성격에 따라 자신의 감정을 잘 표현하는 사람이 있는가 하면, 그렇지 않은 사람도 있다. 따라서 상대방의 느낌과 생각을 알고 싶은 경우 질문을 자주 하면서 대화를 이어가야 한다. 여기서 중요한 점은 질문을 잘해야 한다는 것이다. 질문을 해도 대화가 길게 이어지지 않은 경험이 있는가? 상대방이 꼬치꼬치 캐묻는 나에게 불쾌함을 보인 적이 있는가?

나는 상대방을 심문하러 온 것이 아니다. 관계를 발전시키고 상대방을 조금 더 알기 위해 질문하는 것임을 잊지 말자. 예를 들어, 상대방이 얼마 전 다녀온 제주도 여행에 관해 이야기한다고 하자. 이때 "언제 다녀오셨어요?", "누구랑 다녀오셨어요?", "가서 뭐 드셨어요?"처럼 내가 궁금한 것을 중심으로 스피드 퀴즈 하듯이 빠르게 질문한다면, 상대방의 생각을 파악하는 것은 고사하고, 대화는 금방 끝나버릴 것이다.

반면 상대의 이야기 흐름에 맞추어 여유롭게 이야기하듯 질문하고, 당시 상대방이 느꼈을 감정을 함께 공감하고 언급한다면 어떨까? 내가 원하는 답이 빨리 나오지 않는다고 조급해하는 것이 아니라, 상대방의 속도에 맞추어 기다리며 대화를 이끌어간다면 어떻게 될까? 자기의 이야기를 경청하는 나에게 호감이 높아질 것이다. 따라서 제주도 여행으로 시작된 이야기는, 맛집, 취미, 요즘 배우고 있는 것 등 더욱 다양한 내용으로 대화가 확대될 것이다. 대화가 다양하고 길어질수록 자연스럽게 지금 상대방이 느끼는 감정과 니즈를 파악할 수 있는 단서를 많이 발견하게 될 것이다.

상대방이 필요한 것을 잘 파악하여 예쁨받는 동생 사례

몇 년 전 알게 된 동생 P가 있다. P는 친구의 친한 후배로 우리 모임에 한 번씩 놀러 와 가볍게 알고 지내는 사이였다. P를 세 번째 만나는 날이었다. 파스타를 먹다가 할라피뇨를 먹고 싶다고 생각했는데, P가 때마침 할라피뇨를 갖다 달라고 종업원에게 말했다. 그 후 따뜻한 물을 찾고 있으면 어느샌가 P가 따뜻한 물을 주문하고 있었고, 핸드폰 충전을 해야 한다고 생각하면 P는 충전이 되는지 종업원에게 물어보았다. 처음엔 우연이라고 생각하고 신경 쓰지 않았다. 그러나 저녁 늦게까지 함께 있는 동안, 계속 내 속마음을 읽기라도 하는 듯 내가 필요한 것을 척척 알아서 갖다주었다. 다른 친구에게도 마찬가지였다. 친구가 추워하면 어느샌가 무릎담요를 찾아왔다. 모임에 있는 우리 중 누군가가 필요한 것을 생각만 해도 P는 척척 알아서 해결해주었다.

하루 종일 챙겨준 P가 고맙기도 하고, 상대방이 원하는 것을 척척 알아내어 해결해주는 P가 신기하여 어떻게 미리 알아서 다 챙기는지 물어보았다. 대답을 들은 나는 P가 정말 세심하게 우리를 관찰했고, 행동 하나하나를 신경 쓰고 있음을 알고 놀라웠다.

처음 P를 만났을 때도 파스타를 먹었는데, 그때 내가 할라피뇨를 시켰다고 했다. 이것을 기억한 P는 내가 오늘 파스타를 먹다가 두리번거렸을 때, 할라피뇨를 찾는다는 것을 눈치 채고 미리 시킨 것이다. 또한 모임마다 내가 찬물을 먹지 않는다는 것을 알았고, 오늘 물컵을 만지는데 차가워서 싫어하는 내 표정을 보고 따뜻한 물을 먼저 주문했다. 친구가 추워서 팔을 손바닥으로 비비는 것을 보고 무릎담요를 찾아왔다고 했다.

P의 관찰력과 섬세함이 대단하게 느껴졌다. 상대방의 메시지를 통해 니즈를 파악하고 본인이 미리 해결해주는 배려심에 정말 배울 점이 많은 사람이라고 생각했다. 그리고 상대방과 좋은 관계를 맺고 싶어 하면서도, 상대방의 표정이나 몸짓에는 관심조차 없었던 나의 태도를 반성하게

되었다. 이후 누구를 만나든, 대화 내용뿐 아니라 간접적으로 메시지를 전달하는 행동과 표정도 살피기 위해 노력한다. 피곤한 일이라고 생각할 수도 있다.

그러나 내가 이런 배려를 받았을 때 상대방에게 느낀 고마움을 떠올려 보면, 절대 귀찮은 일이 아님을 알게 된다. 칭찬 열 마디보다 더 큰 감동을 주고, 상대방을 내 편으로 만들 수 있는 강력한 힘이다.

비즈니스 미팅이나 세일즈의 경우, 세부적인 니즈는 서로 대화를 통해 협의하고 조율해야 한다. 그러나 서로 이루고자 하는 가장 큰 목적은 확실하고 상대방이 이미 알고 있는 경우가 많다. 예를 들어, 자동차 세일즈의 경우, 영업사원은 자동차를 판매하는 것이 목적이고, 고객은 더 좋은 조건으로 구매하는 것이 목적이다. 따라서 어떤 옵션이 추가되고, 가격 할인은 얼마나 할지 등 세부적인 니즈는 서로의 대화를 통해 협의하면 된다.

반면 처음 만난 개인적인 인간관계는 상대적으로 상대방의 니즈 파악이 쉽지 않다. 왜냐하면 아직 상대방은 나에게 마음을 열지 않았기 때문이다. 따라서 마음을 열면서 상대방의 생각을 파악하고 가까워지기 위해서는 질문은 매우 중요한 도구이다.

질문을 통해 상대방의 니즈를 파악하고, 관계가 친밀해진 사례

3년 전 친구 K와 집들이에 초대되었다. 집주인이 지인들 함께 불러 집들이를 했기 때문에 처음 만나는 사람도 많이 있었다. K가 잠시 자리를 비운 동안, 내 옆에 혼자 온 집주인의 지인이 있었다. 가만히 있기 어색했던 나는 지인에게 먼저 인사를 했고, 대화가 시작되었다. 그러나 대화는 그리 오래 이어지지 못했다. 대화를 길게 이어가고 싶었으나, 처음 본 사람과의 대화를 이끌어가기란 쉽지 않았다. 그의 이야기를 듣고 궁금한 점을 물었지만, 상대방의 대답은 매우 짧았다. 그렇게 어색함이 흐를 때쯤 K가 왔다.

K도 함께 대화에 참여하게 되었다. K는 대화를 쉽게 이어갔다. 질문도 끊임없이 했고, 상대방의 대답도 나와 대화할 때와는 사뭇 달랐다. 수다스러울 정도로 다양한 이야기를 한참 동안 했다. 그러다가 그가 요즘 목 디스크가 심해졌고, 몇 군데 병원을 다녔지만 큰 차도가 없어 통증이 여전히 심하다는 것을 알게 되었다. 목 디스크 치료를 받고 있던 나는 다니는 병원과 도수치료 받는 곳을 소개해주었다.

약 3주 후 집주인과 지인, 나는 함께 밥을 먹게 되었다. 지인은 내가 소개해준 병원을 다니면서 2년 넘게 포기하고 있던 통증이 줄어들어 고맙다고 인사를 하는 자리었다. 그렇게 지인과 친구가 되었다. 만약 K가 그

때 대화를 이끌어주지 않았다면 지인이 지금 필요한 것이 무엇인지 알수 없었고, 당연히 내가 도움을 줄 수 있는 기회조차 없었을 것이다.

K와 나의 질문은 어떤 차이가 있었을까? 왜 나의 질문에는 단답형이었을까? 대화의 시작은 지인이 스카이다이빙을 처음 했던 이야기가 주제였다. 나는 나름 공감한다는 표현으로 "많이 무서웠겠어요."라고 했으니, 상대방은 "네, 처음이라 꽤 무섭더라구요."라는 대답 외에 어떤 대답을 더 할 수 있었겠는가. 내 질문은 많이 무서웠는지 알고 싶은 나의 궁금함을 해결하기 위한 자기 중심적인 질문이었기 때문에 상대방은 할 말이 별로 없었을 것이다.

그러나 K는 같은 이야기를 듣고, "어디서 스카이다이빙 하셨어요?", "초보도 강습 없이 할 수 있나요?" 등 상대방이 주도적으로 이야기를 이끌어갈 수 있는 타인 중심적인 질문을 했다. 주제와 관련하여 이것저것 질문을 하니 상대방도 신이 나서 더 많은 이야기를 하다가, 결국 요즘 지인의 가장 큰 걱정거리가 디스크 통증임을 알게 된 것이다.

이 경험을 통해 제대로 된 질문은 상대가 자신의 이야기와 생각, 고민거리 등을 편하게 털어놓게 하는 힘이 있다는 것을 배웠다. 질문을 하는 목적은 상대방의 니즈와 생각을 파악하기 위해서이다. 따라서 반드시 상대방이 최대한 많은 이야기를 할 수 있는 질문을 하도록 하자.

인간은 사회적 존재이기 때문에, 서로 좋은 관계를 유지하며 더불어 살아야 한다. 그러기 위해서는 상대방을 잘 이해하고 수용해야 한다. 또한 상대방의 니즈를 빨리 파악해야 한다.

그러기 위해서는 첫째, 평소에 상대방에게 관심을 갖는 노력이 필요하다. 어떤 상황에서 무슨 행동을 하고 표정과 말투는 어떻게 변하는지 파악하고 있다면, 상대방이 원하는 것을 빨리 알아낼 수 있을 것이다. 두 번째는 상대를 더 깊게 이해하기 위해 경청하고, 궁금한 점은 자연스럽게 질문하는 연습을 해야 한다. 상대방이 거부감을 느끼지 않으면서 자신의 생각과 감정을 편하게 말하도록 함으로써 심리 상태와 생각, 니즈를 파악할 수 있다.

이렇게 상대방이 원하는 것을 해결해준다면, 상대는 고마운 마음을 갖게 된다. 해결해준 문제의 크기는 상관이 없다. 아무리 작은 니즈라도 나를 위해 누군가가 신경을 써주었다는 자체가 감동을 준다. 고마움을 보답하기 위해 내가 무언가 원하는 것이 있을 때 상대방은 해결해주기 위해 노력하고, 내가 느낀 고마움은 언젠가 또다시 상대방에게 돌려주는 선순환이 이루어진다. 작은 관심과 대화에서 시작했지만, 제대로 소통이 이루어진다면 긍정적이고 우호적인 인간관계로 발전할 수 있다.

일보후퇴 이보전진을
기억하라

대화를 하다 보면 상대방과 의견이 다른 경우가 종종 발생한다. 당연한 일이다. 사람마다 판단 기준과 원하는 바가 다르기 때문이다. 이런 상황에서, 크게 두 가지 유형으로 나뉜다.

첫 번째, 갈등의 상황이 불편하고, 갈등 자체를 피하고 싶어 하는 유형이다. 이 유형에 속하는 사람들은 상대방의 의견이 조금 마음에 들지 않더라도, 그의 의견에 따른다.

두 번째, 내 의견이 무조건 선택되어야만 속이 시원한 유형이다. 이런 유형의 경우, 자신의 지위나 나이, 힘을 이용하여 상대방에게 압박감을 준다. 또는 출중한 말솜씨로 온갖 이유를 가져와, 나의 의견이 옳다고 상대방을 설득한다.

두 가지 유형 모두 바람직한 자세는 아니다. 첫 번째 유형은, 사적이고 가벼운 자리에서 필요할 수 있다. 무엇을 먹을지, 어디를 놀러 갈지 정하는데 각자의 의견만 내세운다면 재미있는 시간을 보내기도 전에 분위기가 안 좋아질 수 있다. 또한 내가 원하는 파스타를 당장 먹지 않는다고 하여 큰 손해가 생기는 일은 없기 때문이다. 하지만, 비즈니스 미팅의 경우 이렇게 회피하는 태도는 반드시 지양해야 한다. 어떤 내용으로 협의하느냐에 따라 일의 방향이나 결과에 큰 영향을 미치기 때문이다.

두 번째 유형은, 첫 번째 유형과는 반대로 비즈니스 미팅일 경우에 유용할 수 있다. 다만, 권력과 지위를 통해 상대방을 무시하는 태도가 나타나지 않도록 주의해야 한다. 또한 사적인 자리에서 이런 태도는 한 사람의 독단적인 행동 때문에 모임의 분위기가 망가질 수 있으므로 주의해야 한다.

그럼 의견이 다른 경우, 어떻게 갈등을 최소화하고, 원하는 것을 얻을 수 있을까? 바로 '일보후퇴 이보전진 전략'을 사용하는 것이다. 사람은 상대방이 호의를 베푼 경우, 보답하려는 마음이 생긴다. 즉, 신세를 진 경우, 갚으려고 하는 인간의 심리를 이용하는 것이다.

내가 상대에게 먼저 양보하는 경우 어떤 장점이 있을까? 호의를 베푼 나에 대한 호감도가 상승한다. 전혀 모르는 사람보다 아는 사람과 이야기하는 것이 상대적으로 쉬운 이유는, 상대방이 나에 대해 친근함이 있고 그만큼 마음의 벽이 낮기 때문이다. 마찬가지로, 상대방이 나에 대해 호감이 생긴다는 것은, 마음의 빗장이 살짝 느슨해졌음을 의미한다. 따라서 처음 만났을 때보다 의견 조율이 다소 쉬워진다. 또한 내가 먼저 배려했기 때문에 긍정적인 이미지가 생기므로, 나의 의견에 대해서도 긍정적으로 바라보게 된다.

또 다른 장점은, 원래의 내가 생각했던 것보다 더 큰 요구도 들어줄 가능성이 커진다. 사람은 신세 진 것을 빨리 갚고 부채 의식에서 벗어나고 싶은 마음이 있다. 따라서, 내가 먼저 양보한 후 부탁했을 때 그것을 거절하기란 쉽지 않다. 배은망덕한 사람, 고마움도 모르는 사람이 되고 싶지 않기 때문이다.

작은 것을 양보하고, 협상이 잘된 사례

상대방에게 먼저 양보를 한 후, 이미지가 좋아지고 관계가 가까워져 의견 협의가 잘 이루어진 경험이다.

어느 날 친구 Y가 스트레스를 잔뜩 받아 전화가 왔다. 옆 팀 팀장 때문에 매우 화가 나 있었다. Y의 팀과 옆 팀이 함께 프로젝트를 하는데, 어떤 기준으로 거래처를 선정할지 기준을 정해야 하는 상황이었다. Y 역시 팀장으로서 자기 팀에 유리한 조건을 주장했다.

문제는 옆 팀 팀장의 태도였다. Y보다 팀장 연차가 더 많고, 별명이 쌈닭일 정도로 태도가 매우 공격적인 사람이었다. Y가 말하는 의견에 대해 조목조목 모두 반박했다. 또한 더 오래 팀장 경험이 있는 본인의 의견을 따라야 한다고 주장하여 나흘째 일의 진척이 없었다. Y가 의견을 말하면 듣는 둥 마는 둥 했고, 흥분하여 목소리가 커진 상태로 자기주장만 했다. 답답했던 Y가 그녀를 겪은 다른 팀장들에게 조언을 구했다고 한다. 그녀와 함께 프로젝트를 한다는 말을 꺼내면, 다른 이야기를 듣기도 전에 '안 됐다.', '그녀는 답이 없다.', '그녀가 친구가 없는 이유가 있다'는 대답만 돌아올 뿐이었다. 팀장으로서 팀을 대변해야 했기 때문에 Y는 걱정이 가득했다. 쌈닭 팀장은 조율해도 되는 항목에 대해서도, 무조건 그녀의 의견으로 결정되길 고집스럽게 바랄 뿐이었다.

나는 Y에게 5개의 거래처 선정 기준 중 팀을 위해 꼭 수정해야 하는 내용이 있는지 물었고, 2개 항목은 반드시 바꿔야 한다고 했다. 이 항목이 바뀌어도 쌈닭 팀장 팀에 불리한 조건이 아니었다. 나는 Y에게 모든 항목을 원하는 대로 바꾸기보다, 2개 항목을 수정하는 것을 목표로 하는 것이 어떨지 의견을 제안했다. 또한 연차가 많음을 무기로 내세우기 때문에, 같은 말을 하더라도 선배를 대우해주는 느낌을 받도록 하여, 그녀의 기분을 좋게 해주기로 했다. 그전까지 Y는 그녀의 공격적인 태도에 똑같이 공격적으로 행동하고 있었다.

일주일 후, Y가 잘 해결됐다며 전화를 했다. Y는 회의 때, 이전의 싸움 태세를 버리고, 공손한 후배 팀장의 태도를 보였다고 한다. Y가 목소리를 높이지 않으니, 쌈닭 팀장 혼자 큰소리로 흥분하며 말하다가 어느 순간 목소리를 줄였다고 한다. 혼자 화내고 흥분하는 것은 여간 뻘쭘한 일이 아닐 수 없다. 또한 Y는 전처럼 그녀의 의견을 모두 반박하는 대신, "3가지 항목에 대해서는 팀장님의 의견을 따르는 것이 두 팀을 위해 더 도움이 된다고 생각했습니다. 3가지는 제가 양보할게요."라고 말했다. 어색한 정적이 흐른 후 회의가 끝났다.

다음 날 쌈닭 팀장은 Y에게 커피를 사주며 처음으로 둘이 대화를 했다. Y가 5개 항목 중 반 이상을 양보해준 것에 대해 고맙다며, 2개는 Y 의견대로 하자고 했다. 그리고 큰소리친 것에 대해서도 사과했다고 한다. 그리고 둘은 꽤 친한 사이가 되었다.

만약 Y가 계속 상대방과 똑같이 화를 냈다면 좋은 결과를 얻을 수 있었을까? 이럴 땐 흥분을 가라앉히고, 내가 먼저 양보할 수 있는 부분은 무엇인지 살펴보자. 그리고 상대에게 '당신을 위해 양보하겠다.'라는 메시지를 먼저 전달하자. 무엇을 양보할지 내가 정했기 때문에 손해가 없거나 매우 적다. 또한 상대방은 자신을 위한 배려에 고마움을 느끼고, 나에 대해 좋은 인상을 받게 되므로, 의견을 조율하는 데 보다 좋은 조건을 가질 수 있다.

먼저 배려하고 더 많은 것을 얻게 된 사례

친구 L은 남편에게 서운한 점이 하나 있다. 남편이 친정 식구들과 여행 가는 것을 불편해하는 것이다. 남편은 외동아들로 집이 조용한 분위기이다. 반면 L은 3남매에 부모님 성격도 활발하셔서 모두 모이면 항상 북적거리고 시끌시끌하다. 이런 분위기를 불편해하는 남편은 친정에 하루 이상 있는 것을 힘들어했다. 친구 역시 조용한 시댁에 가면, 며느리로서 불편한 점이 있다. 본인마저 조용히 있으면 정적이 흘러 마음이 편하지 않다고 했다. 며느리로서 살갑게 말 한마디라도 더 해야 할 것 같은 부담감, 조용한 집안을 대화로 가득 채워야 할 것 같은 의무감이 든다고 했다.

L은 시댁의 정적이 불편하지만, 남편이 원하는 집안 행사는 싫은 내색 없이 모두 참석했다. 반면 L의 남편은 친정의 가족 여행에 결혼 초 한 번 함께한 이후로 한 번도 참여하지 않았다. L은 마음속에 서운함이 차곡차곡 쌓였고, 어느 순간부터는 전혀 화낼 일이 아닌 상황에서도 시댁과 친정을 방문하는 문제에 대해서는 말을 날카롭게 하게 되었다. L의 태도가

변하자 남편과 말다툼이 잦아지고 관계가 점차 나빠졌다.

L은 어느 날 가정 갈등 해결 사례에 대한 글을 우연히 읽게 되었다. 배우자에게 원하는 것을 반복하여 말을 해도 변하지 않을 때, 계속 잔소리하며 싸우지 말아라. 시간이 조금 걸리더라도 한 발 양보하여 내가 원하는 것을 상대방에게 먼저 경험시켜 스스로 미안함을 느끼게 만들어야 한다는 내용이었다.

친구는 이 글을 읽은 후, 그해 시어머니 생신에 맞추어 가족 여행을 계획했다. 조용한 시댁과 일주일 동안 함께 여행 가는 것은 생각만 해도 너무 피곤한 일이었다. 하지만 L은 문제를 해결하기 위해 마지막 방법이라고 생각했고 열심히 준비했다. 숙소, 비행기 예약, 일정 등 남편에게 비밀로 하고 모든 것을 혼자 준비했다. 시부모님과 남편에게 깜짝 선물로 비행기표를 드렸고, 시부모님과 남편은 모두 고마워했다. 그렇게 일주일의 여행을 다녀온 후에도 별말 없는 남편에게 L은 실망하고 있었다.

몇 달 후 친정의 2주간 가족 여행이 잡혔다. 길게 잡힌 여행이라 L은 기대도 하지 않았다. 어느 날 집으로 도착한 택배를 뜯어보니 L의 남편이 친정 여행에 입고 갈 가족 티셔츠를 보낸 것이다. 남편은 L에게, 시댁과 여행을 먼저 계획해줘서 너무 고맙고 미안했다고 했다. 그리고 꼭 L에게 고마움을 표현하고 싶어서 이번 친정 여행에 입을 가족 티셔츠를 맞췄다고 했다. 이렇게 친구 L의 고민은 해결되었다.

친구가 남편에게 계속 불평만 했으면 어떻게 됐을까? 부부관계는 악화되고, 친구의 성격은 더욱 날카로워졌을 것이다. 그러나 친구는 지혜롭게, 남편이 친정에게 해주었으면 하는 행동을 시댁에 먼저 함으로써 남편이 고마움을 느끼게 했다. 그렇게 고마움을 표현하고 싶은 마음을 갖게 하여 남편 스스로 움직이게 만들었고, 친정 여행, 가족티, L에 대한 이미지 상승까지 더 많은 것을 얻게 되었다.

갈등의 상황이 왔을 때, 상대방과 똑같이 흥분하고 화를 내는 것은 해결책이 아니다. 갈등을 더욱 심화시키고 논쟁만 커질 뿐이다. 오히려 여유를 갖고 이런 상황을 역이용하자. 작은 호의, 상대방을 존중하는 말과 행동, 무리하지 않는 선에서 할 수 있는 적당한 양보를 하는 것만으로도 상대방에 나에 대한 좋은 인상을 느끼게 한다. 따라서 나에 대해 마음을 열게 되어 보다 쉽게 원하는 것을 얻을 수 있는 조건을 만들 수 있다. '일보후퇴'는 갈등을 최소화하고, 지혜롭게 갈등을 해결하는 방법임을 잊지 말자.

07

작은 부탁으로
경계심을 무너뜨리자

어느 날 TV에 비만한 아이를 둔 부모님이 나왔다. 아이가 살을 빼야 하는데, 꼼짝하지 않아 고민 상담을 하셨다. 운동하라는 말만 나오면 아이는 무조건 싫다는 대답만 했고, 부모님의 잔소리는 더욱 심해져 아이와의 관계도 서먹해졌다. 아이와 부모님의 하루를 찍은 영상의 장면은 이러했다. 소파에 누워 과자를 먹으며 티비를 보고 있는 아이에게 엄마가 "놀이터 가서 줄넘기 100개 하고 와."라고 말했다. 아이는 온몸으로 싫음을 표현했다. 그랬더니 아빠가 "줄넘기가 싫으면 운동장 가서 5바퀴만 뛰고 와."라고 했다.

여기서 문제점은 무엇일까? 우선, 아이가 싫은 것은 '움직이는 것'이지 줄넘기가 아니다. 아이의 아빠는 이 부분을 제대로 파악하지 못했다. 이 보다 더 큰 문제점은 움직이는 것이 귀찮은 아이에게 한꺼번에 많은 운동을 시키려고 하니 아이가 부담감을 느낀 것이다. 전문가는 아이를 움직이게 만드는 대화 방법을 알려주었다. 우선 아이를 집 밖으로 나가게 하는 것이 1차 목표이므로, 부담을 느끼지 않는 시간을 제안하라는 것이었다. 그 후 아이가 거부감을 느끼지 않을 만큼 조금씩 운동량을 늘리라는 것이다.

전문가가 가르쳐준 대로 부모는 아이에게, "엄마랑 같이 공원에 5분만 산책 다녀오자."라고 말하자, 아이는 5분이라는 짧은 시간에 관심이 갔는지 엄마에게 "진짜 딱 5분이야."라고 확인했다. 5분이 넘었을 때, 엄마가 나온 김에 5분만 더 산책하면 어떤지 아이에게 물었고, 시원한 바람에 기분이 좋은 아이는 그렇게 10분을 걸었다. 이렇게 조금씩 운동량을 늘려 한 달 후 아이는 부모님과 매일 저녁 한 시간씩 걷기 운동을 하게 되었다.

위의 사례에서처럼, 처음엔 상대방이 부담을 느끼지 않을 만큼의 작은 부탁을 하고 허락을 받는다. 그 후 점차 큰 부탁을 해도 상대방은 쉽게 들어주게 된다. 이것을 '문간에 발 들여놓기 기법'이라고 한다. 한 번에 큰 요구는 뇌에서 두려움을 느끼기 때문에 단계별로 차근차근 원하는 것을 요구해야 거부감이 적다는 것이다.

또한 사람은 일단 무엇인가 동의했다면, 최초의 선택을 일관성 있게 고수하려고 하는 경향이 있다. 변함없는 태도는 상대방에게 믿음을 주어, 유대감을 높이고, 좋은 사람으로 평가를 받아 사회생활을 하는 데 유리한 인상을 남기기 때문이다.

많은 일을 기분 나쁘지 않게 부탁하는 팀장님 사례

P 팀장님은 지금까지 겪은 팀장님 중 팀원들에게 일을 가장 잘 시키는 분으로 기억된다. 일을 잘 시킨다는 것은 두 가지 의미가 있는데, 첫째, 본인이 하실 일도 우리에게 많이 넘기신다. 두 번째, 그럼에도 불구하고 팀원들이 일이 많아 강하게 거부감이 느껴지거나, 불만이 크게 나온 적이 없었다. 오히려 우리보다 일 양이 적은 옆 팀의 불만이 더 많았다.

팀장님들 보고 기간이 되면, 팀원들은 원래의 업무에 보고서 업무가 가중되어 정신없이 바빠진다. 어김없이 보고 기간이 다가왔고, 우리는 얼마나 많은 일이 배분될지 잔뜩 긴장하고 있었다. 다른 프로젝트도 함께 진행 중이었기 때문에, 팀원들 모두 시키는 일이 너무 많으면 팀장님께 양을 줄여달라고 말할 참이었다. P 팀장님은 우리에게 모두 바쁘니까 작년 실적 분석만 해달라고 하셨다. 생각보다 적은 양에 모두 놀랐지만, 다행이라고 생각하며 다음 날까지 제출하기 위해 모두 열심히 했다.

그렇게 보고서를 제출할 때 즈음, 팀장님은 우리에게 다른 내용도 정리해줄 수 있는지 물으셨다. 추가 요청하신 내용도 많은 내용이 아니었기 때문에, 우리는 두 번째 보고서를 작성했다. 같은 방법으로 첫 번째 시키신 일 외에 3번의 보고서를 더 작성하게 되었다. 그러나 누구 하나 보고서 때문에 시간이 부족하여 야근하는 사람은 없었다. 물론 자꾸 일을 시키는 것에 대해 약간의 불만은 있었지만, 추가된 업무에 부담을 느끼는 사람은 없었다.

반면 옆 팀은 며칠째 팀원들이 야근하고, 보고서 업무가 너무 많다며 불만이 나왔다. 옆 팀 역시 팀장님께서 보고서를 위해 요청하신 자료 때문이었다. 같은 상황에서 양쪽 팀원의 반응은 극과 극이었다. 매일 여유 있게 준비하는 우리 팀을 보고 옆 팀원들은 우리가 보고서 업무량이 적다고 생각했다. 그러나 막상 준비한 내용을 보니 우리 팀 내용이 조금 더 많았다. 무엇이 이렇게 상반된 반응을 가져왔을까?

P 팀장님은 시킬 일을 전체적으로 정리한 후, 가장 쉬운 일부터 한 개씩 부탁하셨다. 한꺼번에 모든 자료가 필요한 것이 아니었기 때문에 순차적으로 진행하셨다. 우리 또한 팀장님이 하나씩 일을 시키시니 부담이 크지 않았다. 설사 그다음 보고서 내용이 조금 어렵다고 하더라도, 이것 한 개만 하면 된다는 마음에 불만도 크지 않았다.

반면 옆 팀은, 팀장님께서 필요한 자료를 한꺼번에 팀원들에게 요청하셨다. 어떤 자료가 준비하는 데 오래 걸리는지, 어떤 자료가 가장 먼저 필요한지 설명이 없었다.

따라서 한꺼번에 대여섯 개의 보고서 숙제를 받은 팀원들은 시작도 하기 전 부담감과 압박감이 상당했다. 또한 운 나쁘게 어려운 내용을 먼저 준비하는 팀원은 처음부터 너무 지쳐버려 남은 자료를 만드는 데 짜증과 불만이 늘어날 수밖에 없었다.

같은 일을 하는 데도 상반된 반응의 두 팀을 보며, 부탁할 때, 처음에 상대방이 부담을 느끼지 않도록 하는 것은 다음 부탁을 위해서도 중요한 전략임을 알게 되었다. 가장 쉬운 것부터 시작하여 순차적으로 단계를 높이는 것은 경계심을 무너뜨리는 데 중요한 방법이다.

상대방이 갑자기 큰 요청을 하면 어떻게 행동하게 될까? 불쑥 들어온 무리한 부탁해 반사적으로 '하기 싫다'는 반응이 나올 것이다. 잘 생각해보면, 그렇게 부담되는 요청이 아닐 수도 있다. 하지만 단계 없이 부탁받은 큰 요청에 대해 두려움을 느끼고 거부할 가능성이 크다. 반면, 아주 작은 요청에 대해 사람들은 심사숙고하지 않는다. 선뜻 좋다는 의사를 표시한다. 따라서 하나의 부탁을 몇 개의 단계로 나누어 부탁하는 것도, 효과적인 방법이다.

실랑이 없이 딸이 물건을 정리하게 만드는 친구 사례

어느 날 친구 L이 딸이 정리 개념이 없어 걱정이라고 했다. 방, 거실, 심지어 현관까지 놀던 장난감과 책으로 엉망이라고 했다. 몇 번 혼내보았으나 반항심만 더 커질 뿐 정리는 여전히 하지 않는다고 했다. 이 이야기를 들은 나는 '애들이니까.'라고 가볍게 생각했다.

며칠 후, 친구 K의 집에 놀러 갔다. K 역시 딸이 있다. 친구와 차를 마시고 있는데, K 딸이 유치원에서 하교했다. 역시 신발 두 짝은 현관 양쪽 끝에, 가방은 방 앞에, 티셔츠는 거실 의자에, 치마는 방에 순식간에 집이 어지럽혀졌다. 그 상태로 딸은 유치원에서 만든 종이 인형을 꺼내어 정신없이 놀고 있었다. 나는 L의 집 상태가 이렇겠다고 생각했다.

K와 L의 차이는 물건을 치우도록 만드는 말하는 방법이었다. L은 딸에게 방과 거실에 어질러놓은 물건을 치우라고 말했고, 딸은 싫다고 했다. 그럼 L은 화가 나 더 큰 소리도 장난감과 옷을 다 치우라고 했고, 그럴수록 딸은 울고 떼쓰기만 할 뿐 치우지 않았다.

그러나 K는 딸에게 정리하라고 혼내지 않았다. K는 딸에게 현관의 신발을 나란히 정리해달라고 부탁했다. 딸은 신발만 정리하면 되므로 종이 인형을 잠시 내려두었다. 조금 있다가 딸에게 거실에 티셔츠를 빨래통에 넣어줄 수 있는지 물었다. 티셔츠만 치우면 되므로 큰 불만 없이 종이 인형을 다시 내려두었다. 그렇게 시간의 간격을 두고, 여러 번 나누어 정리시켰고 결국 딸의 손으로 모든 정리를 하게 되었다. 울거나 안 한다고 떼쓰거나 큰소리 한 번 없이 말이다.

만약 K가 딸에게, 현관 신발 정리하고, 방 어지른 것 치우고, 거실 티셔츠도 다 치우고 놀라고 했으면 어떻게 됐을까? 종이 인형 놀이를 해야 하는데, 엄마가 갑자기 정리하라고 시켰기 때문에 "싫어요."라고 했을 것이다. 그러나 K는 현명하게, 종이 인형 놀이하는 딸에게 조금씩 정리시켜 거부감과 부담감을 줄였다.

작은 부탁으로 경계심을 무너뜨리는 것은 가정, 직장에서뿐 아니라, 물건을 판매할 때, 상대방의 동의를 구할 때 등 많은 부분에서, 갈등 없이 내가 원하는 바를 얻을 수 있는 효과적인 대화법이다.

말하기 어려운 부탁이 있거나, 나의 요구를 상대방이 들어주기를 원하는가? 그렇다면 작은 것부터 시작하여 상대방의 경계심과 부담을 낮추도록 하자. 그리고 한 걸음씩 원하는 것을 부탁하자. 그러면 상대방은 자신도 모르게 나의 부탁을 들어주게 될 것이다.

08

상대의 비언어 메시지를
파악하라

의사소통을 할 때 크게 두 가지 메시지를 사용하여 내용을 전달하고 상대가 말하고자 하는 의미를 파악한다. 언어적 메시지와 비언어적 메시지이다. 언어적 메시지란 대화의 내용을 의미한다. 즉, 말과 글을 통해 여러 가지 정보와 내용을 전달한다. 비언어 메시지는 언어적 메시지에 감정을 추가함으로써 단순한 내용 전달을 넘어, 말하는 사람의 상황, 기분 등 다양한 정보를 표현한다.

예를 들어, 어떤 사람의 발을 실수로 밟았다고 하자. 죄송하다고 사과했을 때, 상대방이 웃으면서 "괜찮아요."라고 했을 때와 짜증이 가득한 표정과 말투로 "괜찮아요."라고 했을 때 두 사람이 말한 "괜찮아요."는 똑같은 의미인가? 한 사람은 정말 괜찮다는 의미이고, 한 사람은 짜증이 많이 나지만, 참는다는 의미가 내포되어 있다. 두 사람의 속뜻을 어떻게 파악할 수 있을까? 표정과 말투, 억양과 같은 비언어적 메시지를 관찰함으로써 숨은 뜻을 알아낼 수 있다.

'메라비언의 법칙'에 따르면 대화 중에 상대방은 비언어적 메시지에 의해 영향을 많이 받는다고 한다. 시각, 청각에 의한 영향이 93%, 말의 내용에 의한 영향은 고작 7%이다. 즉, 말을 잘하는 것도 중요하지만, 상대의 비언어적 메시지를 눈치 빠르게 파악해야 한다. 그리고 상대방의 감정에 공감하고 있음을 표현하는 것이 매우 중요하다. 비언어적 메시지를 파악하는 것은 그만큼 상대방의 말에 집중하고 경청하고 있다는 의미이다. 따라서 상대방은 나에게 고마움을 느끼고 친밀한 관계를 형성하는 데 도움이 될 것이다.

표정

표정은 가장 쉽게 빨리 알아차릴 수 있는 메시지다. 일반적으로 내가 말하는 내용과 표정이 일치한다. 즉, 즐거운 경험을 이야기할 때는, 표정 역시 밝고 즐겁다. 슬픈 이야기를 할 때는 표정도 우울하고 슬픔이 가득하다. 따라서 우리는 말의 내용뿐 아니라 표정을 통해 얼마나 즐겁고 슬픈지 더 깊이 감정에 공감할 수 있다. 반면, 말의 내용과 표정이 일치하지 않는 때도 있다. 특히 사과할 때나 축하할 때 표정이 내용과 부합하지 않은 경우, 상대방의 기분을 더 상하게 할 수 있다.

본인의 기분에 따라 팀원들 한 명씩 돌아가며 괴롭히는 팀장님이 있었다. 그녀의 기분이 안 좋을 때는 혼나지 않을 일도 어떻게든 트집을 잡아 괴롭혔다. 어느 날 팀장님이 저기압인 날이었다. 그날은 내가 타겟이 되었다. 출근하는 순간부터 사사건건 트집 잡고 혼내고 죄송하다고 사과드리고, 또 다른 트집을 잡고 혼내고 죄송하다고 사과드리고 온종일 반복했다. 이렇게 몇 번을 반복하자 나도 화가 목까지 차올랐다. 하지만 반항하는 태도라도 보이면 괴롭힘은 더 오래 지속되기 때문에 사람들은 자기 차례가 오면 마음을 비우고 참는 것이 최선이었다. 나 역시 이 사실을 알고 있었으므로, 최선을 다해 참고 있었다.

퇴근 무렵 팀장님은 마지막으로 괴롭힐 심산이었는지, 나를 부르더니 보고서에 대해 여러 가지 트집을 잡았다. 점점 보고서와 상관없는 지난 일까지 꺼내어 혼내셨다. 왜 혼나는지 영문을 모르겠던 나는 짜증이 머리끝까지 나고 있었다. 마침내 팀장님의 훈계가 끝났고, 나는 죄송하다고 말했다. 내 얼굴을 보던 팀장님은 "전혀 죄송한 얼굴이 아닌데 뭐가 죄송하다는 거야?"라며 더 화를 내셨다. 그렇다. 나는 죄송한 일이 없다고 생각했으므로, 짜증이 고스란히 표정에 드러났을 것이다.

이렇게 부당한 사례가 아니어도, 학창 시절 엄마에게 혼난 후, 죄송하다고 말씀드렸는데 더 화를 내시는 일이 있었다. 그때는 왜 그런지 이해되지 않았다. 그러나 지금 생각해보면, 사춘기의 반항심에 말은 죄송하다고 했으나 표정에는 억울함만 가득한 것을 엄마가 읽으셨기 때문이다.

말하는 속도, 목소리, 억양

상대방이 나의 이야기에 관심이 있는지 목소리 크기, 억양을 들으면 알 수 있다. 얼마 전, 공들여 입점한 거래처와의 미팅이 있었다. 관심이 많았던 회사였기 때문에, 미팅 시간 동안 내용에 집중하고 있었다. 중간중간 "아~", "네~", "그렇군요."처럼 추임새를 넣었는데, 목소리와 억양에 거래처에 대한 관심과 애정이 표현되었나 보다. 미팅 후, 나를 계속 지켜보던 거래처 사장님은 이렇게 잘 들어주시는 곳은 오랜만에 만나본다며 고맙다고 하셨다. 이렇게 좋은 첫인상을 남기게 되었고, 지금까지도 좋은 협력 관계를 유지하고 있다.

'목소리'를 통해 상대방의 기분을 파악한 또 다른 사례이다. 어느 날 저녁 친구가 전화가 왔다. 평소처럼 일상적인 대화를 하며 웃는데, 친구의 목소리가 미세하게 평소와 달랐다. 왠지 힘이 없고 우울한 느낌이 들었다. 그러나 별말 없는 친구에게 무슨 일이 있는지 먼저 묻지 않았다. 내가 잘못 느꼈거나, 상대방이 말하고 싶지 않을 수 있기 때문이다. 그렇게 전화를 끊었으나, 친구의 목소리가 계속 마음에 걸렸던 나는 친구에게 힘든 일 있으면 언제든지 연락하라며 카톡을 보냈다.

몇 분 후 친구가 울면서 전화했다. 요즘 회사 일로 스트레스가 많았는데, 힘든 감정이 쌓이고 쌓여 터졌다는 것이다. 그러나 회사 스트레스는 누구나 받기 때문에 힘들다고 말을 할 수 없어서, 숨겼는데 어떻게 알았냐며 신기하다고 했다.

이처럼 목소리, 억양에는 감정이 함께 표현된다. 상대방에게 조금만 관심이 있다면, 말하는 속도, 억양, 목소리의 미세한 떨림조차 달라진 것을 느낄 수 있다. 이렇게 상대방의 기분을 알아채고 먼저 손을 내민다면, 상대방은 나에게 고마움을 느끼고 관계는 한층 더 가까워지게 될 것이다.

제스처와 자세

제스처는 생각을 행동으로 표현하는 또 다른 언어이다. 상대방이 지금 대화에 흥미가 없다는 표현을 하는데 눈치채지 못하고 계속 같은 주제로 이야기한다면 어떨까. 아마 상대방은 당신을 눈치 없고 매우 지루한 사람으로 기억할 것이다. 이럴 때는 빨리 대화 주제를 바꾸어 분위기를 환기해야 한다.

후배가 오랜만에 하는 소개팅에 기대가 컸다. 그러나 결과는 잘 되지 않았다. 후배의 말에 의하면 손에 꼽을 정도로 지루한 소개팅이었다고 했다. 서로 간단히 인사를 한 후, 남자가 편하게 대화를 이어가기 위해 조카 사진을 보여주었다고 한다. 이야기 시작을 편하게 하기 위한 노력하는 모습이 괜찮아 보였다, 그러나 남자는 조카가 태어났을 때부터 얼마 전 함께 한강에 놀러 갔던 이야기까지 40분 넘게 조카 이야기만 했다. 조카가 없던 후배는 공감대가 없었지만, 열심히 이야기하는 남자의 말을 끊을 수가 없어 계속 듣고 있었다. 당연히 추임새나 제스처도 점점 줄어들었다.

팔짱을 끼고 억지로 웃는 모습을 보이면 남자가 눈치챌 것으로 생각하였으나, 전혀 효과가 없었다. 급기야 고개를 45도로 기울이며 한숨 섞인 대답을 해도 남자는 눈치채기는커녕 여러 장의 조카 사진을 보여주며 조카 이야기 삼매경이었다고 한다.

결국 차 마시는 동안 조카 이야기만 하다 끝났다고 한다. 한 번 더 만났다면 다른 이야기를 했을 것이다. 그러나 이미 후배에게 이 남자는 눈치 없고, 지루한 사람, 센스가 부족한 사람으로 인식되었고 더 이상 만남으로 이어지지 않았다.

대화할 때, 상대방의 목소리, 표정뿐 아니라 제스처 역시 유심히 살펴보면 상대방이 나에게 호감이 있는지, 나의 말에 동의하는지 또는 불편해하는지 등 더 많은 정보를 파악할 수 있다. 따라서 상대방의 기분, 분위기가 더 나빠지기 전에 상황을 빨리 정리하고, 긍정적이고 협조적인 태도를 끌어낼 수 있는 주제로 전환하는 기회를 가질 수 있다.

우리가 의사소통을 하는 기본적인 이유는 상대로부터 호감을 얻고, 좋은 관계를 유지하여 원하는 것을 얻는 것이다. 상대방이 나에게 관심을 갖고 마음의 벽을 낮추기 위해서는, 내가 먼저 상대의 기분과 상황을 파악한 뒤, 공감하고 해결해주어야 한다.

이때 유용한 정보가 비언어적 메시지이다. 비언어적 메시지는 언어적 메시지보다 감정을 솔직하게 표현할 때가 많다. 말은 거짓말로 포장할 수 있지만, 무의식 중에 나오는 행동은 통제할 수 없기 때문이다. 따라서 대화할 때, 단순히 말의 내용에만 집중해서는 안 된다. 같은 말이라도 표정, 억양, 말투, 제스처에 따라 다양한 의미가 표현되기 때문이다.

위에 소개된 요소 외에 옷차림, 외모 등 상대방에 대한 인상을 결정하고, 의사소통에 영향을 미치는 요소는 매우 다양하므로, 대화할 때, 머리끝부터 발끝까지 상대방에게 온전히 집중하자. 그러면 상대방의 비언어적 표현을 빠르게 파악하고 대응할 수 있다.

또한 비언어적 표현을 효과적으로 사용하여, 상대방에게 '나는 언제든 당신의 말을 경청할 준비가 되어 있는 사람', '당신에게 관심이 많고 협조

적인 사람'이라는 메시지를 전달한다면, 좋은 관계를 형성하고 유지하는

데 큰 도움이 될 것이다.

상처 주지 않고 내 편으로 만드는 대화법

THE WAY OF

CONVERSATION

5장

상대는 당신의 경청을
원한다

상대는 당신의 경청을
원한다

경청이란? 상대방의 말은 단순히 듣기만 하는 것이 아니다. 말 그대로 상대방에게 모든 것을 집중하여 귀 기울이는 적극적인 듣기 자세이다. 일차원적으로 듣고 이해하는 것이 아니라 올바른 자세, 공감의 형성, 시의적절한 반응까지 오감을 동원하고, 행동까지 집중해야 한다. 전달하고자 하는 내용의 파악뿐 아니라 숨어 있는 감정이나 의미까지 알아차리고 피드백하는 효과적이고 중요한 커뮤니케이션 방법이다.

친구나 가족이 나의 말을 경청하고 있을 때를 기억해보자. 기분 좋은 일은 더 신나서 이야기하게 된다. 속상한 일은 상대가 잘 들어주고 끄덕여주는 것만으로도 위로가 된다. 또한 고민이 있는 경우, 집중하고 있는 상대의 모습에 나도 모르게 더 깊은 이야기를 하다가 해결책을 찾거나 생각이 정리되기도 한다.

이렇게 상대방이 나의 말을 주의 깊게 듣고 있다는 것을 느낄 때, 나 역시 그 말에 집중하게 된다. 존중받고 있다는 생각에 기분까지 좋아진다. 때로는 재미없는 이야기에 어떻게든 집중하여 나의 마음을 함께 느끼려고 노력하는 상대방이 고맙기까지 하다.

그럼 경청은 어떻게 해야 할까? 몇 가지 사례를 통해 경청하는 방법에 대해 살펴보자.

멀티플레이어가 되지 말자

회사생활을 하다 보면, 일 분 일 초가 아쉬운 경우가 많다. 시즌이거나, 중요한 보고가 코앞일 때, 예상치 못한 일이 발생했을 때 등 무수히 많은 일이 일어난다. 이렇게 크고 작은 일들을 마치 도장 깨기 하듯이 하나씩, 아니 동시에 몇 가지씩 해결해 나아가는 생활의 연속이다. 각자 업무의 강도만 다를 뿐 많은 직장인들은 멀티플레이어가 될 수밖에 없다.

나 역시 바쁜 업무 속에서 숨 쉬고 일만 할 때가 많다. 그래도 시간이 부족한 경우도 있다. 이런 생활 속에서 나도 모르게 나쁜 태도가 생겼다.

솔직히 말하면, 이것이 좋지 않은 태도라는 것을 잘 몰랐다.

시간이 흐르면서 승진을 하고, 내 밑에 더 많은 동료들이 생기게 되었다. 그만큼 맡게 되는 업무량도 많아지고, 무게도 더 무거워졌다. 고정적으로 해야 하는 업무와 팀장님께서 시키는 일 그리고 중간중간 예상치 못한 일 해결까지 대체적으로 바쁜 일상의 연속이다. 따라서 모든 일을 데드라인 전까지 해결하기 위해서 동동거리며 모니터 앞에 붙어 있게 된다.

이날 역시 정신없이 일하고 있었다. 회의가 원래 일정보다 앞당겨지면서 한 시간 내에 보고 자료 내용을 업데이트해야 했다. 함께 일하는 동료가 할 말이 있다며 내 자리로 왔다. 내가 이 친구에게 부탁한 자료에 관련된 질문이었다. 이 친구의 질문을 해결해줘야 다음 단계로 나아갈 수 있기 때문에 중요했다. 그리고 내 일 또한 중요했다. 그래서 나는 눈은 모니터에, 손은 키보드에, 입과 귀는 이 친구에게 사용했다. 그렇게 질문에 대답을 했고, 결과적으로 내가 한 대답이 궁금증을 해결해주었기 때문에, 자료는 잘 완성되어 있었다. 나 스스로 여러 개의 일을 동시에 해결하는 능력 있는 사람으로 나름 뿌듯함을 느꼈다.

한동안 나는 이렇게 자랑스러운 멀티플레이어였다. 어느 날, 팀장님께서 부탁하신 자료를 만들다가 질문해야 할 일이 생겼다. 팀장님을 보았는데 역시나 너무 바쁘셨다. 어떻게든 혼자 해결해보려고 노력했으나, 반드시 팀장님의 확인이 필요한 상황이었다. 바쁘신데 방해하는 것 같아 불편하고 죄송한 마음이 가득한 채 팀장님께 갔다. 가까이 다가가니 바쁜 열기는 더 느껴졌고, 첫마디를 꺼내는 것이 조심스러웠다. 나는 질문을 했고, 팀장님 역시 눈은 모니터에, 손은 키보드에, 귀와 입은 나에게 사용하고 계셨다. 대답을 해주셨으나, 추가 질문을 하고 싶었다. 그러나 더 이상 방해를 해서는 안 되겠다는 생각에 자리로 돌아와, 여전히 남은 궁금증에 대해 사방으로 알아본 후 나머지 자료를 만들었다.

'추가 질문 하나만 더 했어도, 이 대답만 들었어도 이것저것 알아보는 수고와 시간은 훨씬 줄어들었을 텐데…'라는 생각이 들었다. 그 상황을 이해하지 못하는 것은 아니었다. 하지만 '대답하는 데 시간 얼마나 걸린다고… 30초면 될 텐데…'라고 생각이 들며 뭔가 서운함과 아쉬움과 짜증이 섞인 묘한 감정이었다. 이런 비슷한 상황을 몇 번 겪던 어느 날, 비로소 똑같이 행동하고 있는 내가 보이게 되었다.

그 친구도 나에게 올 때 얼마나 불편한 마음을 갖고 왔겠는가. 본인보다 직급이 한참 높은 나에게 말을 거는 자체가 불편해서라도 혼자 어떻게든 해결해보려고 했을 것이다. 그러다 도저히 안 되니까 용기를 내어 나에게 왔을 것이다. 그런 내가 쳐다보지도 않고 성의 없이 대답했으니, 기분 좋을 리 없다. 내 설명 역시 충분하지 않았을 것이다. 머리가 이미 보고서를 작성하는 데 반 이상 쓰이고 있는데, 설명이 얼마나 자세했겠는가. 이 친구 역시 자리로 돌아가 더 혼란스러웠을지도 모른다. 내가 팀장님께 느꼈던 것처럼, 대답하는 데 얼마나 시간이 걸린다고 나는 왜 이 친구를 바라보며 선배로서 자세히 설명해주지 못했을까.

이렇게 깨달은 이후, 아무리 바빠도 누가 질문을 하면 의자를 상대방 쪽으로 돌리고 키보드에서 손을 뗀다. 그리고 눈을 보며 말한다. 물론 마음속은 빨리 해결해야 할 일로 급하다. 그럴 때마다 내가 자리에 와서 했던 생각을 되뇐다. '그거 뭐 얼마나 걸린다고!'

그리고 정말 시간이 없을 때나, 이야기가 길어질 것 같으면 차라리 미리 물어보고 양해를 구한다. 지금 어떤 일 때문에 너무 바쁜데, 당장 해결해야 하는 일이 아니면, 한 시간 후에 이야기하면 안 될까? 라고 말이다. 그럼 상대방의 기분도 상하지 않고, 여유 있는 시간을 갖게 되어, 이야기에 집중할 수 있다.

여러 가지 일을 하면 주의가 분산되기 때문에 이야기에만 집중하는 것은 불가능하다. 온몸으로 상대방의 말을 잘 듣고 있음을 알려주자.

몸과 마음의 높이를 맞추자

지인 A는 유치원 원장님이다. 가장 어렵고 조심스럽다는 아이들과 의사소통을 하는 사람이다. 순수하고 솔직한 아이들과 대화하고 설득하다

보면, 본인의 대화 중 안 좋은 습관을 고치게 된다고 한다. 성인이면 귀찮아서라도 넘어갈 일을, 아이들은 예민하여 바로 피드백이 오기 때문이다. 따라서 자연스럽게 올바른 대화법에 대해 배우게 된다고 했다.

A는 이 일을 겪은 후, 상대방이 성인이든 아이이든 반드시 눈높이에 맞추어 이야기하게 되었다고 한다. A가 초보 선생님일 때의 일이다. 방과 후, A는 다음 날 아이들에게 보여줄 트리를 장식하고 있었다. 천장까지 닿는 초대형 트리였기 때문에, 위쪽 장식은 사다리를 밟고 올라가야 했다. 고소공포증이 있는 A는 위쪽 트리 장식은 정말 하고 싶지 않았다. 하지만 막내였기 때문에 밉보일까 봐 무섭다고 말하지 못했다.

사다리 위에서 작업하고 있는데 반 아이가 달려오더니 다른 친구가 자기 색연필을 뺏어갔다며 일러주러 왔다. 사다리 위에서 아이 쪽을 바라보기 위해 고개를 돌리는 것도 무섭고, 누군가 사다리를 잡아주지 않은 상태에서 내려오는 것 또한 너무 무서웠다고 한다. 그래서 A는 아이를 제대로 바라보지 못하고, 힐끔힐끔 보며 누가 그랬는지, 달라고 말은 해 봤는지 등 그 상황에서 나름대로 아이의 질문에 대해 최대한 대답하고 듣기 위해 노력했다고 한다. 그러나 살짝 화는 났지만, 덤덤했던 이 아이는, 울음을 터뜨리며 밖으로 나갔다. A는 순간 너무 놀랐다. 무슨 말을 실수했는지 아무리 생각해봐도 상처 주는 말은 없었다. 당황하여 어쩔 줄 모르고 있을 때 우는 아이가 다른 선생님의 손을 잡고 다시 왔다. 아이가 운 이유를 듣고 깜짝 놀랐다고 한다. 선생님이 자기 말을 안 들어줬다는 것이다. 사다리에서 무서움을 무릅쓰고 질문하고 힐끔이라도 쳐다본 것은 무엇이란 말인가.

A는 나름 최선을 다했다고 생각했기에 더 당황했다고 한다. 일단 A는 허리를 숙여 아이를 바라보았다. 그리고 사다리 위가 너무 무서워서 선생님이 지금처럼 쳐다볼 수 없었다고 미안하다고 사과했다고 한다. 그제야 아이는 울음을 그쳤고, 많이 무서웠는지 오히려 걱정해주었다. 이 일이 있고 난 뒤, 선배 선생님이 이런 말을 해주었다. 아이들은 자기와 같은 높이에 있지 않으면 상대방이 내 말을 듣지 않거나, 이해하지 못한다고 생각한다. 또는 강압적으로 생각하니까 반드시 이야기할 때는 눈높이를 맞추라고 말이다. 20년이 지난 지금도 그 말을 가슴 깊이 간직하고 반드시 지킨다고 한다.

이 사례는 비단 아이들에게만 적용되는 것은 아니다. 부모와 자식, 선후배, 상사와 부하직원 등 다양한 상하관계에 적용된다. 아무리 편한 사이라고 해도, 아랫사람은 윗사람에게 어려움을 느끼기 마련이다. 이럴 때, 소통을 보다 자연스럽게 하려면 눈높이를 맞추어야 한다. 상대방이 앉아 있으면 나도 앉고, 서 있으면 함께 서 있는다. 상대는 앉아 있는데 나는 서서 이야기하는 경우, 나의 시선이 상대를 내려다보게 된다. 이 태도는 '나는 윗사람이고, 너는 아랫사람'이라는 생각이 무의식 중에 들게 되어 대화에 벽이 생기게 된다. 몸의 높이를 맞춘 다음, 상대방이 말할 때의 감정 상태를 헤아려 감정의 높이까지 맞춘다면 금상첨화이다.

이청득심이란 말이 있다. 경청하면 사람의 마음을 얻는다는 뜻이다. 상대방과 조금 더 깊은 관계를 유지하고 싶다면 경청은 반드시 갖추어야 할 태도이다. 내가 존중받고 싶다면 상대방을 먼저 높여주자, 그 사람의 마음을 얻고 싶다면 내가 먼저 상대방에게 집중하며 나의 마음을 먼저 보여주자. 이것이 상대를 내 편으로 만드는 기본적이지만, 가장 강력한 대화의 기술이다.

02

나는 들을 준비가
되어 있는가?

　요즘은 많은 사람들이 상대방에게 큰 관심이 없다. 대부분 자신과 관련된 일에만 집중하며 산다. 각자의 목적지로 가기 바쁘고, 시간이 부족하여 대화 역시 친한 친구를 만날 때를 제외하곤 용건만 간단히 한다. 심지어 쉴 때조차 휴대전화를 보거나, 책을 읽는 등 혼자 즐기는 시간이 현저하게 늘어났다. 물론 자기에게 집중하는 것이 나쁘다는 것은 아니다. 혼자 조용히 휴식하고 생각을 정리할 수 있기 때문이다. 나 역시 혼자 하는 시간이 편하고 점차 늘어나고 있다.

　그러나 우리는 사회적 존재이다. 아무리 잘난 사람이라도 독불장군처럼 혼자 살아갈 수 없다. 따라서 싫든 좋든 나에게 집중하는 만큼 상대방에게도 집중하는 태도가 필요하다. 내 안에 몰입되어 있던 시선을 상대방에게 나눔으로써 교류와 소통이 시작될 수 있다.

서로 통하고 의미 있는 관계로 발전하기 위해서는 잘 말하고, 잘 들어야 한다. 말을 잘하려면 상대방의 상황, 감정, 목적을 파악하고, 부합하는 태도와 내용으로 이야기해야 한다. 그러기 위해서는 우선 잘 듣는 것이 기본이다. 경청하는 사람만이 상대방의 세세한 감정까지 모두 파악할 수 있기 때문이다. 항상 다른 사람을 신경을 쓰며 살 수는 없지만, 최소 대화하는 시간만큼은 상대방과 그의 이야기에 집중해야 한다.

대화 중 경청하는 방법은 다른 챕터에서 다양한 사례와 함께 소개되어 있다. 따라서 이번 챕터에서는 상대방과 대화하기 전, 어떤 준비를 해야 하는지 알아보자.

에너지 넘치는 몸 상태를 준비하자

컨디션이 안 좋을 때, 평소보다 예민해지거나 만사가 귀찮아져 아무것도 하기 싫은 경험을 누구나 해보았을 것이다. 손가락이 살짝 종이에 베이기만 해도 하루 종일 온 신경이 그곳에 집중되어 무엇을 하든지 수시로 다친 곳만 생각난다. 하물며 몸살, 두통처럼 몸 상태가 좋지 않을 때는 어떻겠는가. 빨리 퇴근하고 싶고 눕고 싶은 생각으로 머릿속이 가득할 것이다. 이 내용을 읽으면 혹자는 "아픈데 누가 사람을 만나?"라고 할 것이다.

물론 개인적인 약속은 나의 상태에 맞추어 조정하면 된다. 그러나 많은 사람과 한 약속의 경우, 내가 빠지거나 아파도 강행하거나 둘 중 하나이다. 나 하나 때문에 다수의 사람이 모든 일정을 다시 조정할 수는 없지 않는가. 회사 업무와 관련된 거래처 미팅이나 보고, 회의의 경우도 마찬가지이다. 그 모임에서 최고 직급이 아닌 이상 몸 상태가 좋지 않기 때문에 회의에 빠지겠다고 선뜻 말하기 쉽지 않다.

컨디션의 난조로 미팅할 때 굉장히 고생한 기억이 있다. 중요한 거래처와 첫 미팅이었다. 거래처의 대표님, 팀장님, 담당이 참석하고, 우리도 팀장님과 내가 참석하는 중요한 자리였다. 좋은 첫인상을 위해서라도 평소보다 더 집중하여 참여해야 했다. 나는 기관지가 약해 환절기 때마다 꼭 한 번씩 인후염을 동반한 열 몸살에 시달린다.

미팅 당일 아침, 목이 칼칼하고 몸이 찌뿌둥했다. 이러면 한두 시간 내로 열이 오르고 몸살이 시작된다. 역시나 미팅 30분 전부터 열이 올라 얼굴이 상기되었고, 두통도 시작되었다. 눈은 뜨겁고 따끔거렸으며, 몸 상태는 급속도로 안 좋아지고 있었다. 미팅 시간이 되었다. 나는 몸 상태를 숨기고 밝고 똑똑한 담당자의 모습으로 참석했다. 미팅은 거의 1시간 20분가량 지속되었다. 시간이 갈수록 앉아 있는 것조차 힘들었다. 열은 더 오르고, 귀에서는 약하게 이명도 들렸다. 한 시간이 어찌나 더디던지 정말 고통스러웠다.

이것을 알 리 없는 거래처는 잘 해보겠다는 의지를 불태우며 궁금한 점과 준비한 내용에 대해 질의응답을 반복했다. 나 딴에는 최선을 다해 숨기며 한다고 했는데, 어느 순간 반복되는 질문에 대해 화가 살짝 섞였나 보다. 거래처 담당이 "저희가 같은 질문에 대해 잘 이해를 못 하니까 화나시죠."라며 농담 반 진담 반으로 말했다. 아니라고 말했지만 왜 느껴지지 않았겠는가. 실제로 몸은 너무 아픈데 동일한 질문에 잔뜩 짜증이 났다. 이어지는 식사 자리에서도 열로 인해 속이 메슥거려 거의 먹지 못했다. 거래처가 대접하는 자리인데 메뉴 선택이 잘못되었는지 얼마나 신경이 쓰였을까. 몸이 회복된 후 거래처에서 오해하지 않도록 전화하여 그때 상황을 설명하고 잘 마무리했다.

컨디션 난조로 최고로 힘들었던 경험이다. 물론 이렇게 심하게 아픈 경우는 많지 않다. 하지만 한 가지 확실한 것은 컨디션이 좋지 않으면, 평소에는 이해할 수 있는 말도 예민하게 들리고, 날카로워질 수 있다는 것이다. 또한 집중력이 떨어져 내용이 100% 들리지도 않기 때문에 이미 잘 듣는 태도와 멀어지게 된다.

아픈 것은 마음대로 조정할 수는 없다. 하지만 중요한 미팅이나 약속이 잡혔을 때, 환절기에 종종 나타나는 가벼운 감기 증상이나 사전에 조절할 수 있는 컨디션 난조 상황, 예를 들어 전날의 과음, 과로와 같은 일은 미리 예방하고 관리해야 한다. 이것이 대화에 참여하는 상대방에 대한 기본적인 예의이다.

선입견을 배제하고 비판을 수용하는 마음가짐을 준비하자

친구 L의 단점은, 상대방이 다른 의견을 내거나 안 좋은 점을 이야기하면 받아들이지 못하는 점이다. 자기의 결정이 옳았음을 여러 가지 이유를 대며 설명한다. 이런 일이 반복되기 때문에, L과 약속이 잡히면 나는 만나기도 전에 피곤함을 느낀다.

이날도 L이 전화가 왔고, 오늘 꼭 만나자고 했다. 나는 이유를 묻지도 않고 약속에 나가지 않을 핑곗거리를 찾았다. 다른 친구도 나온다고 하기에 일을 더 하다가 약속 시간보다 한 시간 늦게 약속 장소에 도착했다. 밥만 먹고 빨리 나오겠다는 마음이었다.

L은 울고 있었고 다른 친구가 달래주고 있었다. 이 장면을 보고 깜짝 놀랐다. 내가 예상했던 것은, 여느 때처럼 한 친구는 '너는 왜 말을 해줘도 듣지 않냐.'라며 핀잔을 주고, L은 '내 말을 들어보라니까.'라며 꿋꿋하게 자기가 옳음을 주장하는 장면이었기 때문이다. L은 회사에서 속상한 일이 있었다. 본인의 속상함을 털어놓고 위로가 필요하여 친구들을 만나고 싶던 것이다. 직장인의 마음 직장인이 모르면 누가 알겠는가. 얼마나

속상하고 억울할지 짐작되었고, 이날만큼은 자기방어적인 L이 아니라, 속상한 친구 L일 뿐이었다.

이 사례에서 내가 고쳐야 할 점은, L이 어떤 사람이라고 규정 지은 것이다. 물론 선입견은 경험을 토대로 형성되기 때문에 항상 백지 상태로 상대를 바라보는 것은 쉬운 일이 아니다. 반면 경험이 바탕이 되기 때문에, 내가 겪은 모습 외의 다른 모습은 전혀 알 수 없다는 맹점도 있다. 같은 사람에 대해 상반된 평가가 나오는 것도 이 때문이다. 따라서 누군가를 만나기 전 최대한 편견을 배제하고 치우치지 않은 마음을 준비해야 한다.

또한 L처럼 상대의 의견을 수용하지 못하면, 성장과 변화를 꾀할 수 없다. 주변에 바른말을 해주는 사람들 역시 줄어들 뿐이다. 다음 단계로 발전하기 위해, 비판을 의연하게 받아들이고 통찰할 수 있는 성숙한 마음 준비 또한 반드시 필요하다.

대화에만 집중할 수 있는 주변 환경을 준비하자

왜 독서실에서 공부할까? 왜 새벽 기상을 할까? 왜 카페에서 백색소음을 들으며 공부할까? 이 질문들의 공통적인 답은 '집중이 잘되기 때문'이다. 사람마다 어떤 일을 할 것이냐에 따라 몰입이 잘되는 환경은 다르겠지만 한 가지 확실한 것은 환경에 의해 집중력이 영향을 받는다는 점이다.

대화할 때도 마찬가지이다. 직접 만나서 하는 대화이든, 전화 통화이든, 줌 미팅이든 주변 환경이 대화에만 오롯이 집중될 수 있어야 한다. 만나서 이야기하는데, 휴대전화가 계속 울린다거나 카톡이 끊임없이 온다. 전화 통화를 하는데 옆에서 계속 소음이 들린다. 줌 미팅하는데 배경에 사람들이 왔다 갔다 하고, 불필요한 소리가 계속 들린다면 방해 요소에 의해 산만해진다.

따라서 대화하기 전, 휴대폰 벨소리는 무음으로 바꾸고, 전화 통화는 가능하면 조용한 장소로 이동하여 받는다. 또한 줌 미팅의 경우 회의실을 잡거나, 여의치 못한 경우, 깔끔한 배경으로 설정하고, 오디오 연결을 차단하는 등 서로의 대화에만 충실할 수 있는 환경을 만들자. 이러한 준비는 듣는 사람과 말하는 사람 서로에 대한 배려이다.

사람은 누구나 자기 말에 귀 기울여주는 사람을 좋아하고, 지속해서 관계를 유지하고 싶어 한다. 따라서 행복한 인간관계와 편한 사회생활을 위해서는 상대의 말속에 숨은 의미를 파악하고, 깊은 감정까지 헤아리려는 노력이 필요하다. 그러기 위해서는 잘 들을 수 있는 몸과 마음, 환경의 상태가 수반되어야 한다.

기억하자. 잘 듣기 위한 준비가 되었을 때, 상대의 말을 경청할 수 있다.

03

상대의 성향을
파악하라

경청한다는 것은 단순히 말소리를 듣는 것이 아니라 이야기의 맥락과 말 속에 숨은 의미를 찾아내고 공감해야 한다. 그러나 자기의 관심사가 아닌 이야기에 끝까지 주의를 기울이며 머리와 가슴으로 듣는 것은 매우 어려운 일이다. 왜냐하면 많은 사람들이 바쁘고 고단한 삶에 정신적, 육체적으로 피로도가 높고 마음의 여유가 부족하기 때문이다. 이것이 잘 듣기가 어려운 첫 번째 이유이다.

두 번째 이유는 말하는 사람과 듣는 사람의 성향이 다르기 때문이다.

경청은 내가 상대방의 말을 잘 듣고 있음을 적절한 맞장구로 보여주는 것 또한 포함된다. '이 사람과 코드가 잘 맞아, 이야기를 잘 들어줘.' 또는 '사람이 감정이 없어. 자기 자랑만 하고, 내가 이야기할 때 반응은 성의가 없어.'처럼 말이다. 이렇게 상반된 결과가 나오는 이유는 무엇일까?

전자의 경우, 대화 참여자의 성향이 칭찬, 배려, 따뜻한 감정의 표현이 중요한 성향이기 때문에, 선호하는 맞장구가 잘 맞았다. 따라서 통하는 느낌을 받은 것이다. 반면 후자의 경우, 고의적으로 상대방의 말은 무시하고 자기 할 말만 한 것은 아니다. 그러나 서로의 성향 차이로 중요하게 생각하는 포인트가 달랐다. 또한 표현의 차이도 있기 때문에 서운한 감정을 느낄 수 있다. 한쪽은 직선적이고 성과 중심적인 성향이고, 다른 한쪽은 감정 표현이 중요한 사람이다.

따라서 직선적이고 성과중심적인 사람은 상대방 이야기에 대해 감성적인 접근이 어색하거나 힘들 수 있다. 감정 표현이 중요한 사람 또한 성과 중심적인 사람의 성향을 모르는 상태에서는 나에게 자랑만 한다고 느낄 수 있다.

이렇게 상대방의 성향을 알지 못한다면, 오해를 불러일으킨다. 이것은 개인 간에도 문제이지만, 특히 회사에서의 갈등, 고객 서비스와 관련된 클레임, 영업직과 같이 사회생활과 업무적인 측면에서 더 큰 문제이다.

모두 의사소통에서 문제가 많이 발생하는 곳이다. 따라서 이런 문제를 줄이고자 사용하는 것이 'DISC 행동 유형 검사'이다. 반드시 검사하지 않아도, 상대방이 어떤 유형에 속하는지 예측하고, 유형별 행동 특징과 성향을 알면, 상대방의 행동을 쉽게 이해하고 예측할 수 있다. 따라서 오해의 상황이 많이 줄어든다. 실제로 기업, 고객 서비스, 영업과 관련된 직종에서 많이 사용하고 있다.

'DISC 행동 유형 검사'는 1928년 미국 콜롬비아대학 심리학 교수인 윌리엄 M. 마스톤에 의해 알려졌다. 인간의 행동은 유전자로부터 타고난 고유의 성격과 자신이 속한 환경에 의해 영향을 받아 일정한 행동 경향을 띠게 된다. 행동 패턴을 크게 주도형(Dominance), 사고형(Influcnce), 안정형(Steadiness), 신중형(Conscientiousness) 4가지 유형으로 나뉜다.

유형별 성향을 파악하고 어떻게 경청하는 것이 적합한 방법인지 살펴보자. 이것을 맹신하기보다, 성향의 장단점을 알고, 말하는 사람이 원하는 대화 방식을 참고하면, 말할 때나 들을 때 상대방에 대한 오해를 줄이고, 이해하는 데 도움이 될 것이다.

주도형은 직선적이고, 고집이 세다. 본인이 동의한 내용만 들으며, 말하기를 선호한다. 따라서 중간에 다른 의견을 제시하기 위해 말을 끊지 말자. 이야기를 끝까지 잘 들어라. 그리고 최대한 자기 중심적인 주도형의 이야기에 공감했음을 표현해라. 의사 결정이 필요할 경우 주도형이 하도록 양보하는 자세가 필요하다.

사교형은 감정 교류를 좋아하고, 친근하고 격려하는 것을 선호한다. 따라서 듣는 중간중간 내용에 따라 적절한 감탄사나 추임새를 넣어주자. 사교형의 감정을 동일하게 느끼고 있음을 적극적으로 보여주며 이야기를 들어야 한다.

신중형은 처음 말하기까지 시간이 걸리는 편이고, 철처한 스타일이다. 조심스러운 성격이기 때문에 대화 시작 전 약간의 정적이 어색하여, 내가 먼저 시끄럽게 분위기를 띄울려고 한다면 역효과가 난다. 또한 논리적이기 때문에, 듣는 중간중간 신중형의 내용을 정리하여 핵심을 언급하자. 또는 메모하며 질문하는 자세로 경청하는 모습을 보여주자.

안정형은 부드러운 말투에 변화를 싫어하는 다소 내성적인 성향이다. 또한 상대방의 말을 끝까지 듣는 성향이다. 따라서 안정형의 말을 들을 때는, 최대한 진실되고 부드러운 태도로 질문하고, 의견에 공감해야 한다. 또한 어느 성향보다 끝까지 집중하여 듣는 태도를 보여주어야 한다.

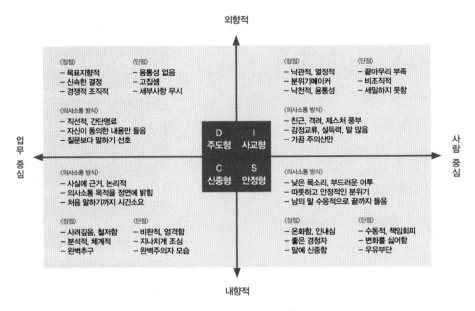

외향적

〈장점〉
- 목표지향적
- 신속한 결정
- 경쟁적 조직적

〈단점〉
- 융통성 없음
- 고집셈
- 세부사항 무시

〈장점〉
- 낙관적, 열정적
- 분위기메이커
- 낙천적, 융통성

〈단점〉
- 끝마무리 부족
- 비조직적
- 세밀하지 못함

〈의사소통 방식〉
- 직선적, 간단명료
- 자신이 동의한 내용만 들음
- 질문보다 말하기 선호

〈의사소통 방식〉
- 친근, 격려, 제스처 풍부
- 감정교류, 설득력, 말 많음
- 가끔 주의산만

D 주도형　I 사교형
C 신중형　S 안정형

업무 중심　　　　　　　　　　　　　　　　　사람 중심

〈의사소통 방식〉
- 사실에 근거, 논리적
- 의사소통 목적을 정면에 밝힘
- 처음 말하기까지 시간소요

〈의사소통 방식〉
- 낮은 목소리, 부드러운 어투
- 따뜻하고 안정적인 분위기
- 남의 말 수용적으로 끝까지 들음

〈장점〉
- 사려깊음, 철저함
- 분석적, 체계적
- 완벽추구

〈단점〉
- 비판적, 엄격함
- 지나치게 조심
- 완벽주의자 모습

〈장점〉
- 온화함, 인내심
- 좋은 경청자
- 말에 신중함

〈단점〉
- 수동적, 책임회피
- 변화를 싫어함
- 우유부단

내향적

[DISC 행동 유형별 특징]

상대방의 성향을 파악하지 못해 오해했던 사례

회사에서 새로운 팀으로 합류하게 되었다. 팀장님도 다른 팀에서 오셨기 때문에 어떤 분인지 파악이 되지 않았고 어색했다. 나를 포함한 팀원들은 잔뜩 긴장한 채 첫 회의에 들어갔다. 팀원들은 첫 회의인데 내용을 놓쳐 이미지가 안 좋아질까 걱정하며 모두 팀장님 말씀에 매우 집중하며 메모하기 바빴다. 새로운 업무 내용으로 가득한 회의였기에 회의 내용을 놓칠세라 더욱 긴장하며 경청했다. 회의가 끝난 후, 우리는 오랜만에 열심히 회의에 참여했다며 나름 뿌듯했다.

그때 팀장님이 나를 포함한 제일 위 두 명을 따로 부르시더니 불같이 화를 내셨다. 우리는 도저히 영문을 몰라 어리둥절했다. 혼난 이유는 이러했다. 새로운 팀에 오면 팀장도 어색하고 떨린다. 그런데 팀원들이 단 한 명도 분위기를 좋게 만들려는 노력도 하지 않는 것에 굉장히 실망하셨다고 했다. 또한 회의에 참석하기 싫은 듯이 단답형으로 대답하는 태도는 대체 어디서 배운 버릇이냐며 상당히 불쾌하셨다는 것이다. 팀장님께서 오해하신 것을 풀어드리려 했으나 이미 너무 화가 나셨고, 혼나는 우리 또한 끝까지 왜 혼나야 하는지 이해가 되지 않아 며칠 동안 기분이 안 좋았던 기억이 난다.

지금 생각해보니 우리는 팀장님의 성향과 맞지 않는 '듣는 태도'를 하고 있었다. 팀장님은 친근하고, 감정 교류 좋아하시고, 즐거운 분위기를 좋아하시는 전형적인 사교형이다. 그러나 우리가 회의 때 들은 태도는 신중형에 부합하는 태도였으니, 사교형의 팀장님 입장에서는 팀원들 태도가 매우 비협조적으로 느껴졌을 것이다.

또 다른 사례이다. 실장님 주재하에 팀장님들 회의가 있었다. 팀장님들은 모두 사교형이셨다. 사교형답게, 회의 시간 동안 화기애애한 분위기였고, 의견 교류도 매우 활발했다고 한다. 그러던 중 실장님께서 폭발하셨다. 발언권을 주지 않았는데 중간에 자유롭게 의견을 말하는 태도에 화가 나셨다. 또한 최종 결정을 할 때도, 의견을 조율하여 결정하려는 방식이 마음에 들지 않으셨다. 실장님은 전형적인 주도형으로 최종 결정은 당연히 실장님이 해야 한다. 또한 중간에 감히 실장님과 반대 의견을 말하고, 실장님의 말씀이 끝나지 않았는데 중간에 의견을 제시했다. 주도형의 성향으로 볼 때, 이 태도는 민주적인 토론 방식이 아니라 하극상이고 무개념이다.

함께 대화를 나누면 즐겁고 소통이 잘되는 사람이 있다. 반면 불편하고 불쾌하여 다시는 만나고 싶지 않은 사람도 있다. 심지어 같은 팀에서 만나 일할 수도 있다. 그러나 사회생활을 하면서 원하는 사람만 만날 수 없다. 따라서 충돌과 오해를 최소화하고, 상대방을 이해하려는 노력이 필요하다. 그러기 위해서는 하고자 하는 말이 무엇인지, 왜 그러한 태도를 보이는지 알아야 한다. 상대방을 파악하기 위한 가장 간단하면서도 효과적인 방법인 상대방의 성향을 파악하자. 그리고 상대에게 잘 맞는 경청의 자세를 보여주자. 이러한 노력으로 소통이 향상되고, 팀워크가 발휘되며, 보다 친밀한 인간관계를 만들게 될 것이다.

04

상대의 주파수와
일치시켜라

'라포르(rapport)'라는 심리학 용어가 있다. 사람과 사람 사이에 생기는 상호 신뢰 관계를 뜻한다. 처음 누군가를 만나면, 경계심이 생기고, 어색하고, 형식적인 대화만 하게 된다. 그러나 시간이 지나면 교감이 이루어져 솔직해지고, 마음속의 말도 털어놓는다. 즉, 라포르 형성이 성공적인 대화의 핵심 열쇠인 것이다. 왜냐하면, 이 사람과는 어떤 주제로 대화해도 말이 잘 통할 것이라는 믿음이 생기기 때문이다.

라포르는 일반적으로 상대방과의 다양한 경험을 바탕으로 시간이 지남에 따라 자연스럽게 형성된다. 그러나 우리는 당장 원하는 것을 얻기 위해, 문제를 해결하기 위해, 비즈니스를 위해 대화를 하는 경우가 많다. 따라서 시간에 의존해 라포르가 형성되기만을 기다릴 순 없다.

라포르를 빠르게 구축하기 위해서는 '당신의 말을 경청하고 있고, 공감한다.'라는 태도를 보여주는 것이 매우 중요하다. 따라서 상대방의 주파수에 나의 주파수를 일치시켜야 한다. 이것이 잘 이루어지지 않으면, 상대는 서운함을 느끼거나 화가 나게 된다. 그 때문에 대화를 유지하기 어렵고, 관계가 더 이상 발전하기 힘들다.

상대방과 목소리 톤을 맞추는 것은 경청과 공감의 신호이다

3년 전 어머니의 휴대전화 약정 기간이 끝나 새로운 기종의 휴대전화로 교체하면서 겪은 일이다. 어제 구매한 휴대전화인데도 잘 터지지 않았다. 전화 소리가 끊기고 심지어 연결이 안 되기도 했다. 구매한 대리점과 통화하면, 당장 가져와보라고 하든가, 바꿔주겠다고 말할 줄 알았다. 그러나 대리점 사장은 귀찮다는 듯이 억양이 전혀 없는 목소리로 "어머니가 뭘 잘못 누르신 것 아니에요?"라고 말하는 것이었다.

나는 고객에게 고작 이렇게밖에 말하지 못하나 싶어 화가 났다. "어제 산 건데, 연결이 잘 안 되는 건 휴대전화에 문제가 있는 것 아닌가요? 집에 있는 다른 휴대전화는 모두 잘 터지는데요?"라고 내 목소리가 살짝 커졌다.

사장은 역시나 너무 형식적이고 무관심한 억양으로 대답했다. "글쎄요. 새 걸로 드렸는데 휴대전화가 문제일까요?" 나는 점점 화가 치밀어 올랐다. 하지만 이렇게 고객 입장을 공감하지 못하는 사장이라면, 본인 기분이 안 좋을 경우, 휴대전화를 교환해주지 않을 것이라는 생각이 들었다. 한 번 더 진정하고, 나는 다른 해결 방법을 물어보았다. 그러곤 사장이 말해주는 대로 설정해보았으나 역시나 그대로였다.

다음 날 아침 나는 다시 일찍 전화를 걸었다. 사장은 여전히 무관심하고 무미건조한 억양으로 "저도 왜 그런지 잘 모르겠네요."라고 말했다. 이렇게 응대할 거면 자동응답기를 틀어놓지, 뭐 하러 전화를 받나 싶었다. 저녁까지 화가 가라앉지 않은 나는 대리점을 찾아갔다. 솔직히 말하면 싸울 작정을 하고 쳐들어간 것이다. "사장님 만나러 왔는데요." 나는 잔뜩 격양된 목소리로 흥분하며 말했다. 불행인지 다행인지, 사장은 퇴근한 후였고, 직원이 있었다. 직원은 무슨 일인지 물었고 나는 자초지종을 설명했다.

직원은 내 이야기를 들으며, 반박하거나 설득하려 하지 않았다. 오히려 "어머 그러셨어요.", "기분 진짜 나쁘셨겠다.", "저희 사장님 말투가 좀 그렇죠?", "화날 만하네요."라고 말하며 나와 똑같이 흥분하며 공감해주었다. 직원이 똑같이 목소리 톤을 맞추어 내 화를 받아주니, 마음이 조금씩 누그러지기 시작했다. '이 직원은 내 말을 진심으로 듣고 있구나.'라고 느껴졌다. 매장을 뒤집어버리고 오겠다는 이전 마음은 싹 사라졌고 이성적으로 대처할 수 있었다.

언어 자체는 정보 전달의 기능만 있을 뿐이다. 여기에 억양, 목소리 톤을 함께 넣을 때 비로소 언어에 감정이 부여된다. 위 사례에서 알 수 있듯이, 목소리 톤을 상대방과 맞추기만 해도, 라포르가 형성되어 대화를 더욱 원활하게 이끌어갈 수 있다.

성공적인 미러링(mirroring)

'미러링(mirroring)'이란 상대방의 행동을 마치 거울을 보듯이 따라 하는 것을 말한다. 이렇게 하면 상대는 나를 친근하게 느끼며 교감하게 된다. 상대방과 비슷하게 행동함으로써 라포르를 형성하게 되고, 어느새 나는 상대방의 말을 다 이해해줄 수 있는 사람으로 인식된다.

나와 초등학교부터 중학교까지 함께 과외를 받은 친구가 있었다. 오랫동안 여러 개의 과외를 함께 했기 때문에 어머니끼리도 친했다. 그리고 일주일에 3~4일씩 매일 만났으므로 서로 고민을 털어놓는 단짝 친구가 되었다. 5학년쯤부터 그 친구의 사춘기가 시작되었다. 성격이 유독 예민했던 친구는 부모님께 비밀이 많아졌다. 반항심은 점점 커지고, 비밀은 점점 더 많아졌다. 어머니와 대화를 거의 하지 않아, 친구 어머니는 한 번씩 나에게 딸의 근황을 물으시곤 했다.

어느 날 수학 과외를 하러 친구 집에 갔는데, 거실에서 'New Kids on the block'의 'Step by Step'이 아주 크게 들리는 것이었다. 참고로 말하자면, 친구 어머니는 독실한 천주교 신자로서 조용하고 차분하신 분이다. 그래서 친구는 가요나 팝송을 크게 듣고 싶은데도 방에서 조용히 들어야 한다는 불만이 많았다. 그런 친구 어머니가 거실에서 팝송을 크게 트신 것이다.

친구는 나를 방으로 급하게 끌고 가더니, 엄마가 왜 저러는지 모르겠다며, 이상하다고 했다. 어느 날은 엄마가 콘서트장에 같이 간다고 해서 가기가 싫다고 말했다. 나 역시 어렸기 때문에, 콘서트장까지 감시하러 가는 꽉 막힌 어머니로밖에 보이지 않았다. 친구의 어머니는 그해 친구의 생일에 친구가 좋아하는 연예인의 브로마이드와 함께 CD를 선물하기도 하셨다.

그렇게 10개월이 흘렀을 무렵, 친구가 아주 자랑스럽게 나에게 이렇게 말했다. "엄마한테 내 비밀 하나를 말했어." 그 후 친구는 나에게만 공유하던 비밀을 자신의 어머니에게 하나씩 말하기 시작했고, 점차 어머니와의 대화량이 많아졌다. 관계도 전보다 돈독해졌다.

지금 생각해보면, 친구 어머니는 친구와 라포르를 형성하기 위해 미리 링을 하셨던 것이다. 찬송가 대신 팝송을, 성당 대신 콘서트장을 가셨던 것은 친구와 공감대를 형성하기 위해 보조를 맞추는 노력을 하신 것이다. 혼내는 대신 딸의 마음을 열기 위해 지혜로운 방법을 선택하신 것이다.

미러링은 비단, 부모와 자식 관계뿐만 아니라, 비즈니스 관계, 친구 관계 등 모든 관계에 통용된다. 표정, 제스처 등 상대의 기분이나 상황, 행동을 자신에게 그대로 적용해보자. 그러면 상대방은 무의식 중에 나와 잘 통하는 사람으로 생각하게 된다. 그만큼 상대의 마음의 문은 빠르게 열린다. 그리고 원하는 것을 보다 쉽게 얻을 수 있는 대화를 하게 된다.

말하는 속도를 맞추지 않아 거래처에서 오해한 사례

얼마 전, 거래처와의 미팅이 5개 연달아 있었다. 나는 거래처당 한 시간씩 미팅했다. 그러다 마지막 거래처를 미팅할 때는 이미 4시간을 계속 말한 후여서 매우 피곤하고 지쳐 있었다. 처음 만나는 자리였기 때문에, 거래처는 많은 자료를 준비해왔다. 나에게 어필하기 위해 넘치는 에너지로 미팅에 참석했다. 의욕이 넘치다 보니 자료가 다소 과하게 준비되어, 미팅 어젠다에서 벗어나는 내용도 포함되어 있었다. 거래처 담당은 긴장과 열정이 느껴지는, 다소 빠른 속도로 어젠다 내용을 설명했고, 미팅은 예상보다 20분 이상 길어졌다.

설명이 끝난 후 질의응답 시간이 되었다. 이미 지쳐버린 나의 말은 거래처 담당이 말하는 속도와는 정반대였다. 말 속도는 느렸고, 질문도 많지 않았다. 핑계를 대자면, 자료에 나의 궁금증이 다 설명되어 있었다. 그가 나에게 궁금한 점을 물었을 때, 피곤함과 지루함을 억지로 참고 묻다 보니, 열정이 담긴 담당의 말 속도와는 많이 달랐을 것이다. 그런 태도가 왜 상대방에게 느껴지지 않았겠는가.

며칠 후, 나의 태도가 상대에게 어떤 기분을 느끼게 했는지 생각도 못한 채 밝게 전화를 걸었다. 한 번 만났기 때문에 나에게는 이미 상대에 대한 친근함이 생긴 후였다. 그러나 담당의 태도는 무척 조심스러웠다. 불편했던 나는 담당에게 왜 그러는지 물었다. 담당자는 미팅 때 나의 태도를 보고 내가 그들에게 관심이 없다고 생각했다고 했다.

너무 미안했다. 그리고 부끄러웠다. 회사생활을 10년 넘게 한 사람이 보여야 할 태도가 아니었다. 내 컨디션이 어떻든 나는 상대의 말을 경청해야 했다. 그리고 상대방의 에너지와 레벨을 맞추어 미팅에 참석해야 했다. 그것이 거래처에 대한 예의이고, 열심히 하려는 담당에 대한 존중이다.

이 일이 있고 난 후 나는 미팅을 하든, 전화를 하든, 항상 상대방의 속도에 맞추기 위해 세심하게 신경을 쓰고 있다. 긍정적인 인상을 주고, 상대방이 나에게 마음을 열 수 있도록 나의 태도를 돌아보고 개선하기 위해 노력 중이다.

　말에는 사람의 감정과 기분이 담겨 있다. 따라서 사람을 얻기 위해서는 경청이 가장 기본이다. 그러니 내가 경청하고 있음을 상대방이 느끼게 하자. 상대방과 목소리 톤을 맞추어 함께 공감하자. 동시에 제스처를 따라 하며 친근함을 주고, 말하는 속도를 맞추어 상대방과 비슷한 에너지 수준에 있음을 알려주자. 이렇게 상대방과 주파수를 맞출 때, 상대는 나에게 한 걸음 다가오게 된다.

05

온몸으로
들어라

인기가 많은 사람들의 특징을 아는가? 그들은 기본적으로 자기 이야기를 늘어놓기보다 상대방의 말을 잘 듣는다. 단순히, 말소리를 잘 듣는 것이 아니다. 상대의 스토리에 오롯이 집중한다. 그 말속에 깊이 빠져, 얼굴, 눈빛, 행동 등 온몸으로 반응하며 이야기를 듣는다. 최고라 일컫는 몇몇 MC들의 공통점 또한 듣기를 잘하는 것이다. 출연자의 숨소리 하나, 조사 하나 놓치지 않고 적극적인 리액션을 한다. 아무리 마음을 단단히 무장하고 나온 출연자일지라도, MC의 강렬하고 적극적인 반응에 신이 난다. 그렇게 이야기를 하나둘 술술 풀어놓게 된다.

이렇듯, 말을 잘 들어주는 태도는 상대방의 자존감과 존재감을 높여주고, 기분을 좋게 만든다. '이 순간 나에게 당신의 존재가 제일 소중해요. 당신만 바라보고 있어요.'라고 행동으로써 메시지를 전달하는 것과 같기 때문이다.

표정으로 들어라

성우는 목소리로 연기하는 직업이다. 어느 날 매체를 통해, 성우들이 녹음하는 현장을 본 적이 있다. 연기자를 방불케 할 정도로, 대사마다 다양하고 풍부한 표정을 함께 연기했다. 반면, 흉악한 범죄자의 심리를 분석하는 프로파일러는, 범죄자와 면담할 때 속마음을 읽히지 않기 위해 포커페이스가 필수라고 한다. 즉, 우리는 표정을 통해 감정, 심리 상태, 생각 등 많은 정보를 표현할 수 있고, 동시에 파악할 수 있다는 의미이다.

고등학교 1학년 때, 한문 시간을 유독 싫어하는 친구가 있었다. 중국도 아닌데 한자를 왜 배우는지 모르겠다며 항상 불만이 많았다. 당연히 숙제는 매번 하는 둥 마는 둥 했고, 한문 시간은 곧 잠자는 시간이었다.
어느 날, 불시에 숙제 범위 안에서 쪽지 시험을 보았다. 벌칙은 5개 이상 틀리면, 손바닥 한 대 맞기와, 틀린 한자 50번 적어오기였다. 첫날부터 한 번도 수업을 제대로 듣지 않은 그 친구는 내 기억에 10문제 중 한 두 문제 맞힌 것으로 기억한다.

한문 선생님은 2년 차 선생님으로, 마음이 약해 학생들에게 엄하게 하지 못하는 분이셨다. 선생님의 마음을 알았기 때문에, 모두 손바닥을 맞고 50번쓰기로 약속했다. 열심히 해보자는 가벼운 이벤트 정도의 분위기였다. 그러나 이 친구의 경우, 답안지가 너무 성의가 없었다. 그뿐만 아니라 선생님께서 평소 친구의 태도를 알았기 때문에, 조금 더 엄하게 말씀하셨다.

"A야, 너는 맨날 잠만 자고, 숙제는 하나도 안 하고 중간고사 때 어쩌려고 그러니? 한꺼번에 공부면 더 힘들다. 지금부터 조금씩 해라.". 이때 친구의 태도는 선생님을 화나게 했다. 고개는 45도로 삐딱하게 기울어져 있었고, 눈은 바닥 어딘가를 응시하고 있었다. 이 모습을 본 선생님은 태도에 대해 지적하시며, 목소리가 조금 커졌다. 이 친구는 똑같은 자세를 유지하며 "죄송합니다."라고 대답했다. 무표정한 얼굴과 작게 흘려 말해 잘 들리지도 않는 목소리였다. 누가 봐도 죄송하지 않은 표정이었다. 오히려, 내가 하기 싫다는데 왜 자꾸 귀찮게 뭐라고 하냐는 모습이 역력했다.

고집스러운 친구의 태도와 선생님의 대립은 수업 끝나는 종이 울릴 때까지 계속되었고, 반 분위기는 돌이킬 수 없을 만큼 냉랭해졌다. 선생님의 지적에 대해 반성하는 표정으로 '죄송합니다.'라고 했으면, 금방 끝날 일이었다.

비단 소개한 사례뿐 아니라, 표정이 말과 달라 상대방 기분을 상하게 하는 경우는 흔하게 볼 수 있다. 매장에 상품을 교환하러 갔는데, 직원이 마지못해 교환해준다는 표정을 짓거나, 레스토랑에서 클레임을 걸었는데, 매니저가 입은 죄송한데 얼굴은 짜증으로 가득한 경우, 더욱 화가 날 수밖에 없다.

상대방의 말에 대해 적절한 표정을 짓는 것은, 상대방의 기분을 몇 배 좋게 만들 수도, 몇 배 악화시킬 수 있다. 경청하는 태도란 귀로만 듣는 것이 아니라 표정으로 함께 들어야 진심을 전달할 수 있다는 사실을 잊지 말자.

눈으로 들어라

내가 말할 때, 상대방이 눈을 크게 뜨고 자주 눈을 마주치며 듣고 있으면, 내 말을 경청하고 있음을 바로 알 수 있다. 반대로 눈으로는 딴짓하는 경우도 있다. 휴대전화기를 보거나, 다른 사람들의 행동에 자꾸 시선이 쏠린다. 갑자기 손톱의 거스러미가 보인다. 상대방 넥타이의 땡땡이가 몇 개인지 티셔츠에 줄이 몇 개인지 궁금해진다. 누가 봐도 관심이 없고 집중하고 있지 않은 모습이다.

상대방이 내 이야기에 흥미나 관심이 없다는 태도를 보이면, 말하는 사람은 자신감이 확 사라진다. 특히, 나보다 윗사람에게 보고할 때는 심리적 위축이 더욱 심하다.

A 팀장은 팀원들 대하는 태도가 좋지 않기로 매우 유명하다. 10년 넘게 최악의 팀장으로 1위를 굳건히 지키고 있다. 이분 때문에 퇴사한 직원도 여러 명이고, 인사팀에 경고받은 적도 있는 대단한 분이다. 이 팀장은 팀원 한 명씩 번갈아 가며 다양한 방법으로 괴롭혔다. 내가 이 팀장의 괴롭힘 대상이었을 때 일이다.

팀원들 각자 그해에 수행할 개인 프로젝트 주제를 정하고, 이 주제를 선정한 이유와 어떻게 진행할 것인지 발표하는 시간이 되었다. 오후에 실장님께 보고해야 했으므로, 오전에 팀장님께 사전 보고하고 피드백 받는 시간이었다.

팀원 모두 팀장님의 피드백을 받아, 내용을 업그레이드하고, 실장님께 보고하길 바랐다. 내 순서가 되었고, 발표를 시작했다. A 팀장은 눈을 마주치기는커녕, 다른 서류를 뒤적였다. 스크린을 바라보는데, 몸의 방향만 스크린을 바라볼 뿐, 팀장님의 눈은 회의실의 곳곳을 둘러보며 눈의 피곤을 풀기 위해 안구운동 중이었다. 심지어 회의실 예약 시간이 다 되었다며 이 주제에 대해 잘 모르겠으니 혼자 알아서 하라고 했다.

발표할 때, 그분의 무관심한 태도는 나를 짜증 나게 만드는 동시에 더욱 긴장시켰다. 평소 같으면 인성에 문제 있는 분이니까 큰 기대를 안 했을 것이다. 그러나 실장님 보고를 앞둔 긴장된 상태에서는 발표 내용이 전체적으로 심각한 문제가 있다고밖에 생각되지 않았다. 이미 나의 보고 내용은 최악으로 생각이 들고 자신감이 모두 사라졌다.

오후에 실장님께 보고하는 시간이었다. 실장님은 나의 주제에 큰 관심을 보이시며, 나와 스크린을 번갈아 보시며 열심히 들으셨다. 발표 후, 호기심 가득한 눈빛으로 이것저것 질문하셨다. 내가 대답할 때 역시 몸을 내 쪽으로 완전히 돌리시고, 눈을 마주치며 집중하셨다. 실장님의 태도는 위축된 마음에 조금씩 자신감을 넣어주었고. 나는 점점 신나서 설명을 더 잘할 수 있었다. 발표가 끝난 후, 주제가 참신하고 아주 마음에 든다고 칭찬하셨다.

이렇게 상대의 기분을 좋게 만들어, 더 많은 이야기를 하도록 만드는 방법은 내가 먼저 이야기에 관심을 보이는 것이다. 당신의 말을 잘 듣고 있다는 눈빛으로 교감만 하여도, 상대방은 이미 마음의 문을 열고 나에 대한 호감도가 올라가게 된다.

입으로 들어라

적절한 리액션은 이야기하는 사람을 신나게 만든다. 물론 기계적 반응이 아닌, 이야기 흐름에 맞는 진짜 리액션 말이다.

친구 K가 한 주에 두 개의 소개팅을 하게 되었다. 첫 만남 후기를 들었을 때, 남자 B의 점수가 월등히 높았다. 직업, 외모, 목소리, 옷 입는 스타일이 이상형에 더 가깝다며 마음에 든다고 했다. 그러나 두 번 더 만나본 후, 친구는 남자 A를 최종 선택했다. 너무 의아했다. 첫 만남 후 남자 A의 점수는 20점도 채 되지 않았기 때문이다. 도대체 남자 A의 어떤 점이 친구의 마음을 움직였던 것일까?

친구의 말에 의하면, 남자 A의 경우, 친구가 하는 말에 리액션이 매우 좋아서, 오래 알고 지낸 사람이라는 생각이 들 만큼 편하고 재미있다고 했다. 또한 공감도 잘해주어, 정말 내 이야기에 집중하고 있구나, 존중받는 느낌이 든다고 했다. 남자 B도 점잖고 예의가 바른 사람이었다. 그러나 남자 A를 겪어보니, 내 말에 진심으로 귀 기울여주는 남자가 누구인지 알게 되었다고 한다.

이렇게 적절한 '맞장구'는 상대방이 나에게 공감한다고 느끼게 함으로써, 나와 비슷한 점이 많다고 느끼게 만든다. 마음의 거리가 좁혀지고, 한층 더 깊은 관계로 발전하게 만든다.

잘 듣는 것은 말하는 것보다 훨씬 어려운 일이다. 상대방의 기분, 상태, 상황 등 가능한 많은 정보를 파악해야 한다. 그리고 시의적절한 반응을 표현해야 하므로 엄청난 에너지가 필요하기 때문이다.

이렇게 힘든 일을 당신이 자기를 위해 하고 있다는 것을 알 때, 상대방은 어떤 기분이 들겠는가. 당신의 존재가 정말 고마울 것이다.

온몸으로 상대방의 말을 들어보자. 그러면 우리도 누군가에게 고마운 존재, 항상 함께하고 싶은 존재가 될 것이다.

06

당신은 비평가가
아니다

인간에게는 기본적인 욕구가 있다. 생명 유지를 위한 본능적 욕구와 심리적 욕구이다. 심리적 욕구는 사랑, 이해, 수용, 공감과 같이 행복한 삶을 살기 위한 욕구이다. 즉, 사람답게 사는 데 필요한 요소들이다.

우리는 언제 행복함을 느낄까. 맛있는 것을 먹을 때, 좋은 집에서 살 때와 같이 의식주가 본인이 원하는 수준에 도달했을 때, 성취감과 뿌듯함을 느끼며 행복하다고 생각한다. 또한 인간은 사회적 동물로서, 상호 간의 의사소통을 통해 서로 존중하고 존중받을 때 안정감과 행복감을 느낀다.

그럼 원활한 소통과 좋은 인간관계를 위해서는 어떻게 해야 할까? 상대방의 말을 잘 듣고, 내재되어 있는 의미를 이해해야 한다. 또한 공감하며 '나는 당신을 충분히 이해한다'는 느낌을 주어야 한다. 공감은 상대가 기뻐할 때, 진심으로 함께 기뻐해주고, 기쁨을 두 배로 만들어준다. 하지만 더 의미 있을 때는 상대방이 속상하거나 화가 났을 때처럼, 기분이 좋지 않을 때 하는 공감이다. 훨씬 더 고맙고 감동을 준다.

공감하기 위해서는, 기본적으로 상대방에 대한 선입견과 비평 없이 귀와 마음을 열어야 한다. 머리가 개입되어 옳고 그름을 판단해서는 안 된다. 그렇게 하는 순간 상대방에 대한 분석, 평가, 비판이 시작되고, 조언하게 된다. 상대방이 나에게 말을 할 때는 어떤 결론을 도출하기 위해서가 아니라 마음의 위안을 얻기 위함이다. 그러나 우리는 과한 감정 몰입과 잘못된 공감의 태도로 이런 실수를 하곤 한다.

잘못된 위로로 친구를 속상하게 만든 사례

몇 년 전 친구 B가 5년 동안 만나던 친구와 크게 다투어 한 달째 연락하지 않는다며 속상하여 나에게 연락했다. 친구 B와 그 친구는 맞는 듯 맞지 않는 부분이 있었다. 친구 B는 약속은 무조건 10분 전에 도착해야 하는 사람이다. 미리 도착하여 기다리는 것이 상대에 대한 존중이라고 생각한다. 반면 그 친구는 항상 아슬아슬하게 도착했다. 친구 B는 상대방이 말하는 것은 전부 기억하고 챙기는 스타일인 반면, 그 친구는 세심하지 않았다. 깜빡하고 늦게 챙기거나, 아예 잊는 때도 있었다. 잘잘못을 따진다기보다 둘의 성향 자체가 달랐다.

이런 부분 때문에 친구 B가 종종 서운함을 느꼈고, 그때마다 나에게 고민을 상담했다. 처음에 B의 이야기를 들었을 땐, 그 친구가 B랑 친해지고 싶어 하지 않는다고 생각했다. 그러나 한동안 지켜보니, 좋아하는 표현 방법이 다를 뿐이었다. 그냥 성격이 다른 사람이었다. 그래서 오랫동안 친구 B가 서운함을 느낄 때마다, 그 친구의 성격을 설명하고, 이해시켰다. 그러면 B는 "맞아. 그 친구 스타일은 그럴 수 있지."라며 객관적으로 상황을 바라보았다.

다 이해했다고 생각했으나, 조금씩 B의 마음에 서운함과 화가 쌓이고 있었나 보다. 이날 역시 B는 10분 전에 약속 장소에 나갔고, 그 친구는 5분 늦게 도착했다. 평소와 다르지 않았다. 그러나 B는 크게 화를 내었다고 한다. 한번 화를 내니, 그동안 쌓였던 모든 것이 폭발하여 점점 더 화가 났고, 크게 다투게 된 것이다.

이 말을 들은 나는 이렇게 말했다. "그 성향 알면서 네가 욱했네. 그냥 넘어가지 그랬어. 그 부분은 네가 포기할 때도 되지 않았니."라고 말이다. 나는 덧붙여 "평소에 다 이해해준 사람이 예전 일까지 들추어내어 화를 내니까 상대방은 당황스럽겠지."라고 말했다. 내 말이 끝나자 B는 "그럼 난 맨날 참냐!"라고 말하며 매우 서운해했다. B를 알고 지낸 지난 8년 동안 이렇게 감정적으로 대답하는 것을 처음 보았고, 순간 내가 잘못한 것을 알아차렸고 아차 싶었다.

나는 이 상황을 객관적으로 바라보고 말해주는 것이 도움이 된다고 생각했다. 위로보다는 B의 어떤 행동으로 인해 상대방이 화가 난 것인지 제삼자 입장에서 알려주었다. 그러나 B는 이미 나에게 이 일에 대해 이야기하며, 본인의 행동에 대해 후회하고 있었다. 참지 못한 스스로가 바보같고, 오랫동안 연락하지 못한 이 상황이 힘들어 위로받고 싶었을 뿐이다. 나는 이런 사람에게, 그의 행동을 조목조목 비판했고, 네가 잘못했다며 기름을 부었으니 얼마나 나에게 서운했겠는가.

내가 어떤 일이 생겨 너무 속상할 때, 내 말을 들어주는 친구가 어떤 모습이기를 원할까 생각해보면 금방 답을 알 수 있다. 아무 말 없이 내 말을 듣고 위로해주며, 나의 잘못을 비난하거나 질책하지 않는 친구에게 고마울 것이다. 내가 속상하고 마음이 아프다는 것은, 잘못한 것을 알고 있기 때문이다. 본인이 알고 있는 사실을 굳이 콕 찍어서 언급할 필요는 없지 않은가.

물론 친구니까 한마디 하고 싶을 수도 있다. 이 자체를 부정하는 것이 아니다. 다만 말할 타이밍이 중요하다. 그 당시에 말을 하면 평가하고 비난하는 것처럼 들릴 수 있다. 하지만 진정이 되고 몇 시간 또는 며칠 후에 말하면 친구의 고마운 조언이 된다.

잘못된 공감의 태도로 타인에게 상처를 주었던 사례

2년 전 친구들 모임에 K가 걱정이 가득한 얼굴을 한 채 왔다. 검사 결과 당뇨 초기라는 것이다. 참고로 K의 어머니는 젊은 나이부터 당뇨가 있으셨고, 연세가 드신 후에는 증상이 점차 심해져 K가 걱정이 많았다. 아버지 또한 경계성 당뇨로 식사를 철저하게 조절하고 운동을 꾸준히 하고 계신다. 따라서 K는 부모님의 건강과 당뇨병에 대해 항상 민감했다. 친구들을 만나면 "당뇨 진짜 무서운 병이야. 우리도 관리 잘해야 해."라며 입버릇처럼 말하곤 했다.

그런 K가 당뇨 초기라니. 우리는 너무 놀랐다. 당뇨병을 가까이 지켜봤기 때문에 누구보다 당뇨에 대한 두려움이 가득한 K였다. 또한 그녀의 어머니 몸 상태가 어떻게 변화했는지 알고 있는 우리는 더 많이 K가 걱정되었다.

친구들은 K에게 너도 나도 한마디씩 하기 시작했다. "너는 부모님이 당뇨인데 미리 관리도 하지 않고 뭐했냐.", "몇 년 전부터 우리가 그렇게 운동하라고 했는데, 지금까지 안 하더니 결과가 이게 뭐냐.", "단 간식 그만 먹으라니까 아직도 간식을 입에 달고 사냐.", "너 지금 샐러드에 드레싱을 뿌린 거냐 정신 차려라." 등 혼내고, 잘못된 태도에 대해 비판하는 등 잔소리가 쏟아졌다. 물론 K를 진심으로 아끼기 때문에 덜컥 겁이 나고, 걱정되어 한 말이다.

우리의 이야기를 한참 듣던 K는 "내가 걸리고 싶어서 걸렸냐?"라고 소리치더니 갑자기 울음을 터뜨렸다. 순간 친구들은 서로를 쳐다보았다. 조용해졌다. 그리고 우리가 한 행동에 대해 돌이켜보았고, 친구로서 K에게 상처를 주었다는 사실을 뒤늦게 깨달았다.

검사 결과를 들은 K는 누구보다 큰 충격을 받았고 무서웠을 것이다. 그리고 다른 친구들과 다를 것 없이 먹고, 생활한 것 같은데, 왜 나만 당뇨에 걸렸는지 화도 났을 것이다. 본인이 좋아하는 음식, 자주 먹는 간식, 활동량 등 그 누구보다 자기의 지난 시간을 뜯어보고 자책하고 반성하고, 후회했을 것이다. 누구보다 속상한 것은 당사자 아니겠는가.

그렇게 아픈 마음을 안고 친구들을 만났는데 그 누구도 먼저 K의 속상함을 들어주거나 안아주지 않았다. 걱정한답시고, 너도 나도 마치 전문가인 것처럼 K의 행동을 분석, 비판하기 바빴다. 우리가 K에게 한 말은 K 자신도 이미 수십 번 생각했을 것이다. '그때 운동하자고 할 때 같이 할 걸.', '간식 먹지 말라고 했는데 왜 친구 말을 안 들었을까?' 등 얼마나 머릿속이 복잡했을까. 이런 친구에게 확인 사실하듯이 사방에서 친구들이 말을 퍼부었으니 서러움이 많이 밀려온 것이다.

K는 부모님 앞에서는 굉장히 덤덤하고, 아무렇지 않다는 듯 행동했다

고 한다. 본인들 때문에 딸이 당뇨에 걸렸다고 탓하시는 것이 너무 속상하고 듣기 싫었기 때문이다. 그렇게 속마음과 다른 행동을 한 K는 자신의 불안한 마음을 편하게 터놓을 곳과 마음을 어루만져줄 사람이 필요했다. 그래서 우리에게 말한 것인데, 우리는 각자의 말을 하느라 바빴으니, 부끄러운 행동이 아닐 수 없다.

이런 실수는 비단 친구 사이뿐 아니라 가까운 관계, 가족 간에도 종종 일어날 수 있다. '가까우니까 이렇게 말해도 다 이해하겠지, 내 속마음을 다 알겠지.'라고 생각한다. 그렇기 때문에 의도와 다르게 상처를 줄 수 있다. 아마 K가 알게 된 지 얼마 안 된 친구라면, 오히려 예의를 차리기 위해서라도 상대방의 이야기를 먼저 들었을 것이다. 아무리 가족이고 가까운 사이라도, 각자의 생각과 가치관, 삶의 방식 등 전혀 다른 사람이라는 것을 기억해야 한다. 가깝기 때문에 더 조심하고 잘 듣는 태도가 중요하다.

나에게 고민을 털어놓거나, 힘들다고 이야기하는 상대방에게 가장 필요한 것은 무엇일까? 어설프게 상황을 분석하거나 잘못한 부분 지적 또는 평가하지 말자. 우리는 당사자만큼 전후 사정을 세세하게 알 수 없다. 그뿐만 아니라 당사자가 아니면 그 상황이 얼마나 고민스러운지 아무도 깊은 속내까지 알 수 없다. 따라서 온몸으로 이야기를 잘 듣고, 공감해주는 것이 상대방에게 위로와 이겨내는 힘을 준 것이라는 것을 잊지 말자.

상처 주지 않고 내 편으로 만드는 대화법

07

위로라고 착각하는
한술 더 뜨기

살면서 위로가 필요한 순간도 있고 위로를 해야 하는 순간도 있다. 과연 나의 위로가 상대방에게 정말로 위로가 되었는지 생각해본 적이 있는가? 내가 받은 위로 중 마음을 진정으로 어루만져준 기억에 남는 위로가 있는가? 우리는 한 번도 위로는 어떻게 하는 것인지 배운 적이 없다. 따라서 위로라고 생각했던 행동들이 오히려 상대에게 또 다른 상처를 주게 되거나, 위로했다고 혼자만의 만족으로 끝나는 경우가 있다.

위로란 괴로움을 덜어주거나 슬픔을 달래주는 것이다. 따라서 지금까지 우리가 했던 위로는 지극히 상대방에 대한 배려는 없이, 말하는 사람의 기준에서 한 행동이었다. 진정한 위로를 하기 위해서는 어떻게 해야 할까? 우선 상대방이 왜 힘든지 잘 들어야 한다. 중간에 말을 끊거나 의견을 말하는 것 없이, 잠자코 조용히 집중하여 들어주어야 한다. 그 후, 힘든 상황에 대해 공감하는 것만으로도 충분히 좋은 위로가 될 수 있다.

공감하면서 많이 하는 말 중에 대표적으로 '힘내.', '잘될 거야.', '나도 비슷한 경험이 있는데.'와 같은 표현이 있다. 안타깝게도 이 말들은 제대로 된 공감도 위로도 아니다. 상대방에게 오히려 상처를 주거나 위로를 하는 것인지 화를 돋우는 것인지 헷갈리게 하는 때도 있다. 힘을 낼 수 있는 상황이었으면 애초에 위로받을 일도 없었을 것이고, 잘되리라 생각이 들었다면 힘들어하는 상황까지 오지 않았을 것이다. 그리고 마음의 여유가 없는 상대에게 나의 경험을 이야기하는 것은 상대방의 이야기를 듣는 것이 아니라 내 이야기만 하게 되는 상황이 된다.

위의 표현들 외에도 우리가 위로라고 착각하며 하는 몇 가지 실수를 살펴보자.

더 힘든 상황이나 사람과 비교하는 것은 위로가 아니다

사람은 각자 처한 환경에 따라 힘듦을 느끼는 강도가 다르고, 힘들다고 느끼는 상황이 다르다. 따라서 더 힘든 상황에 처한 사람과 비교하며 '저 사람도 사는데 너는 그래도 최악은 아니야. 힘내.'라는 말은 전혀 도움이 되지 않는다. 오히려 '저렇게 될 정도가 아니면 힘든 것도 아니라는 것인가?'라며, 나의 힘든 상황이 인정받지 못했다고 생각된다. 또한 나보다 더 행복한 사람들도 많은데, 왜 굳이 더 힘든 사람들과 비교하며 위로받아야 하는지 공감이 되지 않는다. 반면 상대방의 상황을 경청한 후, 비슷한 상황이었던 사람의 잘된 사례를 소개해준다면, 상대방은 조금 더 현실적이고 실현 가능성이 있다고 판단한다. 따라서 '나도 할 수 있겠구나.'라며 용기를 얻는다. 상대방에게 공감을 얻은 위로와 그렇지 못한 위로를 한자리에서 모두 했던 경험을 소개하겠다.

하루는 후배가 고민이 있다며 만나자고 했다. 이 후배는 대학 졸업 후 회사에 3년 정도 다니다가 대학원에 입학했다. 회사 동료들이 대학원 졸업자들이 많았기 때문에, 후배는 항상 학벌에 대한 콤플렉스가 있었다. 대학원을 졸업하면 더 좋은 회사로 이직하고 성장할 수 있을 것이라고 기대했다. 졸업 후, 여러 회사에 지원하는데 번번이 탈락하였다. 서류심사는 대부분 통과인데, 2차, 3차 면접에서 계속 떨어지는 상황이었다. 그렇게 구직 활동이 예상보다 길어지자 후배는 마음이 심란하여 머리도 식히고 위로도 받고 싶었을 것이다.

나는 아끼는 후배가 지금보다 더 좌절하거나 실망하는 것이 싫었다. 어떻게든 후배에게 좋은 이야기를 해주고 싶었다. 먼저 나의 경험을 이야기했다. 나 역시 대학을 졸업하고 꽤 유명한 회사에 입사했다. 그러나

이 회사는 대학을 외국에서 나온 유학파가 많았고, 나는 학벌에 콤플렉스를 느꼈다. 3년가량 경력을 쌓은 후, 대학원에 입학했다. 졸업 후 지금보다 훨씬 좋은 곳에 쉽게 입사할 수 있을 것으로 생각했으나, 현실은 그렇지 않았다. 집에서 꼼짝하지 않고 3개월 매일 이력서를 쓰고, 면접 보고, 탈락하고를 반복한 끝에 결국 업계에서 가장 좋은 회사에 입사하게 되었다.

이야기를 들은 후배는 내가 과거에 느꼈던 심정에 대해 크게 공감했다. 본인과 상황이 너무 비슷하다며, 시간이 조금 걸리더라도 선배처럼 잘될 것으로 생각한다며 표정이 조금 밝아져 뿌듯했다. 여기서 위로를 끝냈어야 했다. 그러나 나의 이야기가 후배에게 도움이 되었다고 생각되자 신이 난 나는 또 다른 이야기를 했다.

후배와 함께 아는 지인이 있는데, 대학원을 졸업한 후, 취업이 되지 않았다. 서류 통과도 잘되지 않아 아직 면접도 제대로 보지 못했다는 것이다. 나는 이 이야기를 하며, 후배에게 서류 통과는 다 되었으니 잘될 거라고, 걱정하지 말라고 말하고 싶었다. 그러나 내가 이 말을 꺼내기 전 지인의 이야기를 들은 후배는 나에게 이 이야기는 더는 하고 싶지 않다고 했다. 첫 번째 이유는 안 좋은 이야기를 들으면 불안해지고, 걱정이 커지기 때문이고, 두 번째 이유는 취업을 잘하는 사람도 많은데, 자기보다 못한 사례를 통해 위로받는 자신이 한심하게 느껴진다고 했다.

나라면 어땠을까 생각해보았다. 그러다 문득 생각이 났다. 내가 한 번씩 회사 일이 힘들다고 투정을 부리면, "요즘 취업을 못 해서 다들 난리라는데, 배부른 소리 한다."라며 엄마처럼 말하는 친구가 있다. 그럼 나는 항상 친구에게 "왜 취업 못 한 사람이랑 비교해? 더 쉽게 더 많이 버는 사람도 있잖아!"라고 농담 반 진담 반으로 말했다. 이 기분을 후배에게 똑같이 느끼게 한 자신이 부끄러웠고, 후배에게 매우 미안했던 기억이다. 이후 나는 상대방을 위로할 때, 절대로 더 힘든 상황이나 사람을 예시로 들지 않는다. 이것은 위로가 아니라, 상대방이 자신의 처지를 더 비관적으로 바라보게 할 뿐이기 때문이다.

해결책을 이야기하는 것은 위로가 아니다

상대방의 힘든 상황을 들으면, 도와주고 싶은 마음이 생긴다. 따라서 우리가 종종 하는 실수가 해결책을 제시하는 것이다. 매우 적극적인 위로의 태도라고 착각할 수 있다. 잘 생각해보자. 만약에 상대방이 해결책을 원했다면, 나에게 상황 설명을 처음부터 끝까지 객관적으로 자세히 했을 것이다. 자료가 필요하면 자료도 함께 전달했을 것이다. 그러나 상대방은 나를 만나 어떻게 이야기하는가? 본인 관점에서 속상했던 부분, 힘들었던 부분에 집중하여 이야기한다. 나의 아픈 마음을 알아달라는 것이다.

또한, 설사 상대방이 해결책을 원하더라도, 정말 상대방에게 도움이 되는 방법을 강구하고 싶다면 그 자리에서 쉽게 생각나는 대로 말해서는 안 된다. 위로가 필요한 상황이라면, 정신적으로 힘든 상태이므로, 객관적으로 상황을 바라보기 힘들기 때문이다. 상대방이 어느 정도 진정된 후, 상황 파악부터 다시 해야 한다. 진심으로 해결책을 알려주고 싶다면 말이다.

친한 동료들과 점심 약속이 있었다. 그중 한 명이 기분이 너무 안 좋다며 우울하다고 했다. 같이 밥을 먹던 우리는 무슨 일인지 물었다. 제한된 점심시간 동안 최대한 도움이 되고 싶었기 때문에 마음이 급했다. 그녀가 말을 할 때, 잘 이해가 되지 않는 부분이나 더 깊게 알고 싶은 부분에 대해 중간중간 질문하였다. 다행히 그녀는 우리의 질문에 친절하게 답해주었다. 그녀를 돕고 싶어 하는 마음을 알았기 때문이다. 이야기를 다 들은 후, 우리는 그녀가 이미 생각해본 해결책을 말하는 정도였다. 다른 부서의 일이므로 그녀만큼 그 일을 자세히 알 리가 없고, 획기적인 해결책이 나올 리 만무했다.

점심시간이 끝날 때 그녀가 말했다. 우리가 그녀의 우울한 기분을 알아주고, 자신의 이야기에 귀 기울여주는 모습에 기분이 많이 나아졌다고 했다. 그리고 이런 친구들이 있다는 것이 든든하다고 했다. 우리는 문제를 해결할 방법을 찾지 못했다. 그러나 마음을 다해 집중하여 그녀의 이야기를 들었고, 힘든 마음을 공감했다.

당사자가 아니면, 그 상황을 자세히 알 수 없으므로, 어떻게 해결해야 할지 아무도 모른다. 따라서 그 상황을 해결해줘야 한다는 강박관념에서 벗어나, 진심으로 경청하고 공감을 해주는 것이 가장 효과적인 위로이다.

위로는 상대방에게 앞으로 어떻게 해야 하고, 이 상황에 대해 어떻게 느껴야 하는지 가르쳐주는 것이 아니다. 또한 상대 역시 우리에게 말을 꺼낼 때는 '내 마음을 이해받고 싶다.'라는 속마음이 있다. 따라서 위로를 할 때는, 단순히 귀로 듣는 것이 아니라, 상대의 마음과 경험, 상황을 있는 그대로 느끼고 존중하는 공감적 경청의 자세가 선행되어야 한다. 잘 듣고 상대의 입장을 충분히 이해해주는 것만으로도 완벽한 위로가 될 수 있음을 기억하자.

지금까지 상대방에게 호감을 얻고, 진심을 얻는 대화법에 대해 알아보았다. 자신뿐 아니라 사랑하는 가족, 친구, 동료들에게 말로 상처를 주는 일은 더 이상 없었으면 한다. 또한 상처를 받더라도, 예전처럼 내가 잘못했기 때문이라고 기죽거나 자책하지 말자. 상대방의 대화 태도가 잘못되었을 뿐이다.

지금부터 방법들을 하나씩 실천하고, 개선하면서 제대로 된 말하기, 듣기를 할 수 있는 '성숙한 소통가'로 거듭나길 바란다. 독자분들께 이 책이 조금이나마 도움이 되길 바라며 이 책을 마친다.